中国少数民族「独立」論

寺島 英明

東京図書出版

中国少数民族「独立」論◇目次

はじめに

今日の中国辺境に住む中国少数民族は、大戦間期において各々複雑な歴史を歩んでいたが、私がそれを検証していると、自然と一つの結論に到達していた。それは政治問題がからむが、今日の中国は日本の二十五倍の国土を持つ大国とは言うものの、その中に五十五の少数民族が「仲良く」暮すなどということはなかなか困難な話である。故に中国辺境に暮す、相対的に多数の人口を持つ中国少数民族はすべからく「民族自決権」を行使して独立を目指すべきではないか、ということがその結論である。

そこで私がこれまで検証してきた、中国少数民族の大戦間期の歴史をここに一冊にまとめ、その結論を実証してみようと思った次第である。

ところで、一九四九年十月に成立した中華人民共和国には五つの民族自治区があるが、二〇一三年から二〇一四年にかけて、その中の一つの新疆ウイグル自治区で様々な事件が起ったということもあり、中国少数民族に関する本書を出版する意義は非常にあると思われる(1)。

なお、本書の資料は、外務省外交史料館蔵の記録が中心である。外務省外交史料館蔵の記録は当事者の資料が大半であり、第一次資料と言えるものなのである。

注

（1）「中国　重い少数民族問題　暴力の連鎖、政治の『聖地』に」（『朝日新聞』二〇一三年十月三十日号）、「新疆で武装集団射殺」（『朝日新聞』二〇一三年十二月三十一日号）、「徹底弾圧へ転換直後　ウルムチで爆発　習体制に衝撃」（『朝日新聞』二〇一四年五月一日号）。

また、今谷明『中国の火薬庫――新疆ウイグル自治区の近代史』（二〇〇〇年　集英社）に、「共産党独裁が崩れ、ゴルバチョフ改革のような事態が中国で起こった場合、新疆・チベット（西蔵）の維持はおそらく今よりはるかに大きな困難に直面するであろう」（二四七頁）とある。

他に、王柯『多民族国家　中国』（二〇〇五年　岩波書店）には、「武装闘争の手段も辞さない新疆の東トルキスタン独立問題は、事実上チベット問題以上に複雑である」（二〇九頁）とある。

第一章

モンゴル人

第一節　内モンゴルのモンゴル人(I)

一、はじめに

中国辺境の少数民族の一つ、内モンゴルのモンゴル族は、辛亥革命後自治↓半独立↓中国内での区域自治という複雑な歴史を歩んできた。内モンゴルの近代史を語る場合、確かに日本の軍部の「満蒙政策」の投影を抜きにしては本質に迫ったとは言えないし、外モンゴルを通じてのソ連の影響力も大きな意味を持っている。近代の内モンゴルの民族運動を見る時、両者を捨象できないことは明らかである。だが、私は、内モンゴル近代の民族運動を日本とソ連二国の影響力の面からのみで解明しようとする見方(1)には賛同しがたい。なぜならば内モンゴルの近代の、中国中央からの遠心力の働いた分離運動はモンゴル族の独立・自決を求める自主的運動であり、日本とソ連二国の役割は二次的なものに過ぎないからである。抑々「分離」や「高度自治」に代表される民族運動というものは民族の自発的なものであり、外部勢力の働きかけのみで起るものではあるまい。

以下、外モンゴル・日本・ソ連との関係も絡めて、近代の内モンゴル民族運動を内モンゴル人民革命党と徳王を中心に考察していきたい。

二、内モンゴル人民革命党

一九一〇年代の清末期から民国初期において、漢族の内モンゴル地域への進出により同地で漢族役人による行政が実施されており、土地を奪われたモンゴル族の、漢族に対する反発から辛亥革命直後に二回の「満蒙」独立運動が起った。一九一二年一～五月の熱河特別区ジョソト盟出身のカラチン王の独立運動と、一九一六年七～十月の同じ盟出身の馬賊の首領のパブジャブ王の独立運動がそれである。両者共日本の軍部の工作の結果運動を起したのであるが、内モンゴル牧民の支持もなく、中国北京政府軍に敗れて挫折している。(2)

続いて一九二〇年代に入ると内モンゴル各地において、一九二一年の外モンゴル革命の影響もあり漢族による支配に反発するモンゴル族の中で、進歩的青年層の民族運動が勃興した。まず一九二三年春、黒龍江省の、伝統的にパン＝モンゴリズムが強かった広義の「内モンゴル」に入るホロンバイルで、モンゴル系ダフール族の支配階級出身の郭道甫（メルセー。一八九四～九五年生れ）(3)、富明泰を中心にしてホロンバイル青年党が結成された。ホロンバイルでは一九一五年十一月から行われていた自治が一九二〇年六月に撤廃された後、ソ連や外モンゴルに留学していた学生は郷里に帰り、ホロンバイル学生会を組織して反封建主義と反王公を唱える様になり、一九二一年七月外モンゴル革命が成功すると、その中核のモンゴル人民党[4]と密接な連絡を取り、ホロンバイル青年党を成立させたのである。郭道甫と富明泰はソ連のモスクワに留学して共産主義思想の影響を受けていた。同党は自力による内モンゴル自治獲得と社会革命を唱え、牧民の支持を受けた[5]。

一方、一九二三年春、熱河特別区カラチン旗で、前年から孫文に師事していた、モンゴル族の被支配階級出身の白雲梯（一八九三年生れ[6]）を中心として内モンゴル国民党が結成された。白雲梯がこの時、中国国民党中央委員候補ということもあって同党は中国国民党（以下「国民党」と略す）と関係が深く、孫文の民族主義と、反王公を主張し、また漢族進出が盛んな狭義の「内モンゴル[7]」である、熱河・チャハル・綏遠の三特別区の東モンゴル系チャハル族等を基盤としていた。三特別区は元々モンゴル族居住地域として辛亥革命後特別区であったが、漢族進出の結果、実質的には漢族居住地域と化していて、蒙・漢対立も生じていたのである。

ホロンバイル青年党と内モンゴル国民党はモンゴル族の被支配階級である牧民の立場に立ち、内モンゴルの高度自治を目指して、「ホロンバイル」と「熱河」という地域主義を克服して一九二五年十月合作し、チャハル特別区の張家口で第一回内モンゴル人民革命党大会[8]を開いた。大会には、内モンゴル各地からの三十余人のモンゴル族代表と、外モンゴル代表としてモンゴル人民革命党中央委員会議長のダンバドルジ[9]、国民党代表としてチャハル都統張之江、コミンテルン代表としてオチロフ、当時北京を支配していた馮玉祥の国民軍の代表等が参加している。外モンゴル代表、コミンテルン代表、馮玉祥の代表の参加を見れば、ソ連の影響の大きさが理解され、中ソ両勢力の狭間とも言える内モンゴルにおいて、一九二〇年代に入ってコミンテルンを通しての対外活動を活発化し始めたソ連政府の方が、軍閥混戦の中国北京政府より優勢であったことがわかる。

だが、私は、両党の合作を中国の一九二四年一月の国共合作と同様にソ連の一方的意向による、と見る論[10]には賛同しがたい。確かに中国では一九二四年一月革命情勢の高まりの中で、コミンテルン後援下に国民党に中国共産党員が参加する形で国共合作が行われ、反帝国主義、反封建軍閥の国民革命が謳われたが、その中国内の国共合作も中心的活動をしたのは中国人の孫文や陳独秀であって、コミンテルンから派遣されたオランダ人マーリンではあるまい。一国内の革命は、その国家の人民が主体的に運動を起してこそ成就するのであり、他国人の援助は二次的なものなのである。内モンゴルにおいても白雲梯や郭道甫が中国の国共合作を見て外モンゴル人民革命党、国民党や馮玉祥の援助を受けて自主的に合作し、内モンゴル人民革命党を結成したのである[11]。コミンテルンの働きかけもあったであろうが、モンゴル族である彼等が自ら合作を決定したのであり、決してソ連の一方的命令ではないのである。そうでなければ彼等はソ連の傀儡だった、ということになってしまうのである。

内モンゴル人民革命党はその綱領として「支那ニ於ケル各民族自決権ノ確立、支那及内蒙古ニ於ケル国民革命政府ノ樹立、政治及公的生活ノ民主化[12]」（傍点は引用者。以下同様）等を掲げ、短期間に実行すべき事業として「王侯専制ノ廃止幷選挙民主政治ノ施行、土地ノ公有幷『コーポレーション』ノ設置、……信教ノ自由[13]」等を挙げている。この綱領は外モンゴルの人民党の、一九二一年三月の第一回党大会で承認された綱領[14]と似ている。だが、これも、外モンゴルと密接な繋がりがあったためであり、ソ連の意向のみが働いていたということではない。綱領から、内モンゴル人民革命党が《牧民主体の、反帝・反封建革命の結果としての、半独立の性格を持った高度自治政権樹立》を目指していることがわかる。決して「党の任務を……中国人民の解放運動と結びつけようとしていた[15]」のではないのである。むしろ、彼等は外モンゴルの政体を模範として、完全独立とまではいかないが、自治政権を成立させようとしていたのである。党宣言ではモンゴル族人民の立場に立ち、王公・軍閥を打倒することを強調している[16]。

第一回党大会で中央委員会の委員選挙が行われ、右派の白雲梯が委員長、左派の富明泰が副委員長、同じく左派の郭道甫が書記長に就任し、外モンゴル出身のチチン・ビリグト、アルタ、内モンゴルの金永昌（一八八五年生れ）、李丹山（李鳳崗）、包悦卿（一八九六年生れ）、楽景濤、伊徳欽（王公出身）の七人が委員となった[17]。内モンゴルの五人の委員は右派である。左派と右派の均衡がとれていることが明確であるが、外モンゴル出身者が中央委員会委員となっていることからも、内モンゴル人民革命党が外モンゴルと結びついていたことがわかる。同党は名称や綱領、委員の構成から見て、一九二四年一月の中国の国共合作と同年十一月の外モンゴルの人民共和国宣言を参考にして、モンゴル族知識青年が内モンゴル高度自治を目指して自主的に結成したのであり、ソ連の一方的命令で合作したのでもなければ、中国の解放運動との合流を目的として結党したのでもない、と断定できるのである。

内モンゴル人民革命党は本部を張家口に置き、北京、チャハル特別区のドロンノール等に支部を持ち、週刊新聞『京報』を機関紙とし、旬刊でモンゴル語の宣伝雑誌『内蒙古国民旬刊』(主筆はチチン・ビリグト)を発行し始め、また軍隊として楽景濤を司令とする内モンゴル国民軍を組織したという。[18] 独自の軍隊と機関紙を持つようになった政党が目標とするのは《政権》のみである。

同党はまた教育に関する綱領として、「国費ヲ以テ蒙古大中小ノ平民学校ヲ設立ス、貧民ノ子弟ハ学費ヲ免除ス」[19] 等を挙げている。両大戦間期において、内モンゴルには学校がほとんどなく、被支配階級である牧民・農民の九割以上が文盲だった[20]という状態の中で、この綱領は画期的であった。内容は外モンゴルの一九二四年十一月布告の人民共和国憲法中の教育政策[21]と似ているのである。

また社会・経済方面において、綱領で「封建制度除去[22]」と「土地の公有化」が打ち出されたことは、モンゴル族の総人口の七~八パーセントを占めるに過ぎない支配階級である王公・牧主が全家畜の七五パーセントを所有するのに対し、総人口の七五パーセントを占める被支配階級である貧しい牧民は全家畜の七〜八パーセントしか所有しておらず、彼等は王公・牧主の家畜を借りて放牧して賃借料を払い、また土地を持たない貧農は王公・牧主から土地を借りて地代を払い[23]、一方では広範に奴隷が存在した[24]という内モンゴルにおいて、「教育平等」と同様に画期的なことであった。

だが、これらの被支配階級の立場に立った進歩的綱領も、実行されなければ意味がない。内モンゴル人民革命党は確かに組織が整い、党員も増え[25]、馮玉祥と結びついて軍隊養成の指導を受け、外モンゴル等から兵器援助を受けたりしたが[26]、一九二五〜二六年時は中国中央において軍閥混戦の最中であり、奉天派軍閥張作霖が一九二六年一月山海関内に兵を進めて内モンゴルの一部と張家口を占領したため、王公廃止運動等を行おうとした党は具体的施策はできずに、馮玉祥軍と共に西方の綏遠特別区のイクチャオ盟（オルドス）に退却してしまう。張作霖に敗れた馮玉祥が同月ソ連に向かい、その援助が受けられなくなったため、白雲梯等は外モンゴルの首都ウランバートルに赴いて、内モンゴル国民軍に対する支援を要請した。だが、外モンゴル政府においては、一九二六年になって内モンゴル人民革命党を支持していた右派のダンバドルジに代わって、反ダンバドルジで親ソの左派のゲンドンが実権を握り、同党に対する不支持を決定してしまう[27]。

一方、中国内では国民革命軍総司令蔣介石の指導下に北伐が一九二六年七月から行われたが、国民党内で左右両派が対立し、一九二七年七月国共分裂が決定的になると、その影響が内モンゴル人民革命党にも及んできて、内紛が起った。そこで一九二七年九月にウランバートルで、コミンテルン代表、外モンゴル代表と、ソ連と外モンゴルに留学していたモンゴル族代表も参加した内モンゴル人民革命党の緊急大会が開かれた。[28]だが、郭道甫、富明泰等の左派が優勢となって会議は決裂し、白雲梯等の右派は帰国し、同月寧夏（現銀川）で中央会議を開いて反共宣言を発し、その中で「(一)第一次大会ノ宣言及決議ヲ擁護シ(二)黨内ノ共産主義者ヲ排シ(三)三民主義ヲ奉シ支那国民黨ノ旗幟ノ下ニ各黨及団体及外蒙国民黨ト共同シテ国民革命ノ達成ニ精進スヘキ[29]」ことを明らかにした。

一九二八年一月白雲梯は、国民革命軍総司令に復職した蔣介石を南京に訪ね、除名した郭道甫等の逮捕を要求している。以後白雲梯は蔣介石と行動を共にし、同年七月北伐が完成し国民革命が一応なると、十一月二十日内モンゴル人民革命党は改組されて国民党内モンゴル特別党部となった。[30]また蔣介石は同年八月南京国民政府を樹立して主席となり、九月熱河・チャハル・綏遠の三特別区を各々省に改め漢族役人による行政を実行した。これで、モンゴル族による自治色が希薄になるのである。[31]

左派の郭道甫、富明泰等は一九二七年九月の内モンゴル人民革命党の分裂後、ソ連の支援を受けてホロンバイル青年党を外モンゴルのウランバートルで再結成し、ホロンバイルの独立を画策することになった。一九二八年七月中国で北伐が完成し張作霖も爆殺されて、東北地方の軍閥勢力が不安定なのに乗じ、青年党員はホロンバイル南境のチョクトスンブルで党代表大会を開き武装革命を決議して、七月九日に独立を宣言した。富明泰が軍事方面を指揮し人民軍を組織して七月下旬から八月中旬にかけてホロンバイルの中心都市ハイラルやその付近の鉄道を襲撃し、東北軍閥で黒龍江省陸軍歩兵第三旅団長の馬占山軍と衝突した。だが、やがてホロンバイル青年党は漸進主義を主張する郭道甫派と急進主義を主張する富明泰派とに分裂してしまい、郭道甫は奉天派軍閥張学良の勧告を入れて彼に帰順し、同年九月二十四日独立取り消しを通電し張学良の保安総司令部秘書となった。一方、富明泰は多数の青年党員と共に外モンゴルに逃亡し、ソ連共産党員となった[32]。

その後富明泰を党首とするホロンバイル青年党は、一九二九年八月十五日ホロンバイルでソビエト政府樹立を目指す大暴動を起し失敗したが、同年十月ソ連の赤軍が中東（東支）鉄道問題紛糾のため、ブリュッヘル将軍指揮下に中国東北地方に侵入し十一月末黒龍江省の満洲里を占領すると、同党は、ソ連赤軍の支援下に再び活動を活発化し始め軍隊を組織して、十二月中旬ハイラルを占領して十二月二十六日労働者主権を掲げる「ソビエト政府」を成立させ、富明泰を主席にして「民族自決主義」により独立を宣言した。だが、ソ連がホロンバイル青年党と無関係であると声明し、しかも中国東北当局とソ連が十二月二十二日ソ連のハバロフスクで停戦協定に調印し赤軍が撤退したため、富明泰は独力では中国東北軍と対抗できず、一九三〇年一月上旬政府の解散を宣言し再び外モンゴルに逃亡した[33]。後、富明泰等はソ連共産党から除名されている。

一九二〇年代末期のホロンバイル独立運動は進歩思想を持ったダフール族青年層が中心となったものの、ホロンバイル青年党の分裂などもあり、牧民の広範な支持もあまりないまま失敗したのである。

内モンゴル人民革命党員で右派の白雲梯、李丹山、伊徳欽の三人は一九二九年一月南京の国民政府の行政院内に設けられた蒙蔵事務を管理する蒙蔵委員会の委員となったが、委員長の軍閥の閻錫山が内モンゴル地域に関して王公尊重・ラマ崇拝・牧民軽視の政策を打ち出したため、階級対立の激化している内モンゴル問題の解決に繋がらず事態を一層悪化させた[34]。そこで、モンゴル族代表団の請願を経て一九三一年十月十二日「蒙古盟部旗組織法」が公布され、その中でモンゴル族に牧地を保障しモンゴルの封建制度を廃棄して盟旗の地方自治に代える、と謳われた[35]。

一九二〇年代においては、ソ連と外モンゴルの働きかけや中国の国共合作の影響もあり、内モンゴルのモンゴル族の進歩的青年層が結成した内モンゴル人民革命党を中心とした高度自治運動が行われたが、同党の左派と右派の分裂が決定的となって実は結ばなかった。内モンゴル人民革命党の党としての根の浅さも失敗の一因として挙げられる[36]が、また漢族と結びついた、モンゴル族の支配階級の王公・牧主と、被支配階級の牧民との間の尖鋭な階級対立[37]も民族運動発展の阻害要因だったのである。

三、徳　王

日本は一九二一～二二年のワシントン会議後内モンゴルへの介入は控え、代わりに張作霖を後援して中国東北地方の権益を維持しようとしたが、一九二八年の北伐完成とそれ以後の張学良の排日運動によってそれさえ危うくなったので、武力で強引に「日本の生命線」と言われた「満州」＝東北の占領を謀り一九三一年九月十八日満州事変を起して、一九三二年三月一日傀儡の「満州国」を吉林省の省都長春を首都として建国した。「満州国」で総面積中の五分の二強を占めるモンゴル族居住区域は興安四省に分けられ、「満州国」政府の国務院に直属する興安局の下で一応はモンゴル族の自治が行われることになり、漢族の入植が禁止された。

徳王

今井武夫『近代の戦争５　中国との戦い』（1966年　人物往来社）56頁より転載

日本は興安四省において旧秩序維持を謳い王公、ラマを保護したが、後には牧民にも目を向けモンゴル族全階級の政治的平等を打ち出したため、モンゴル族知識分子は反王公・反ラマ、教育平等、民族自決を主張し始めた。だが、一九三四年三月一日の「満州帝国」成立前後になると、日本当局は知識分子がそれらを主張することを厳禁したため、「満州帝国」内のモンゴル族の民族運動は下火となる[38]。

一方、満州事変後の内モンゴルにおける国民政府の支配の動揺と、モンゴル族内の王公と牧民の階級対立の中で、一九三二年春からチャハル省シリンゴール盟西スニト旗出身の、支配階級である青年王公徳王（一九〇二年生れ。当時チャハル省政府委員）を中心とする民族運動が高潮し、一九三三年八月十九日の「内蒙自治宣言」を経て同年十月二十四日の百霊廟（綏遠省内）自治会議において「内蒙自治政府組織法」が決議された。団結自衛、高度自治の実行、チャハル、綏遠二省を統轄する蒙古自治政府の成立が謳われ、綏遠省ウランチャブ盟出身の雲王が自治政府委員長、徳王が政務庁長に推挙された。徳王は民族主義者であり内部革命を否定し、支配階級である保守主義者と進歩思想を持つ知識青年との民族統一戦線を主張して、青年層にも支持された[39]。自治会議において、モンゴル族居住区域の、漢族による支配を意味するところの省県を、撤廃することに代表される高度自治論を主張する徳王等の急進派と、省県の存続に代表される自治論を主張する雲王等の穏健派とが対立したが[40]、人数の多い急進派が主導権を握り、急進派の主張が通ったという[41]。

これに対し、国民政府は百霊廟自治会議の決議を中国分裂の危機と見て内政部長黄紹雄、蒙蔵委員会副委員長趙丕廉を北上させ、徳王等と協議させた。省県の扱いをめぐって両者の主張に隔たりがあり決裂の危機もあったが、漸く妥協し同年十一月十七日「内蒙自治解決大綱」が結ばれた。この大綱において、二省の各盟の自治政府を連合した一個の政府を組織することは認められなかったが、各自治政府が盟旗の一切の政務を管理する、と決定されたこと[42]はモンゴル族にとって大きな前進であった。だが、一九三四年一月十七日国民政府の中央政治会議において「蒙古自治弁法十一条」が決議され、省政府の権限の固定化と省政府に自治政府が全面的に従属するということに代表される自治の程度の大幅な制限が謳われたこと[43]で、自治運動の成果は帳消しになってしまった。一説によれば、黄紹雄と趙丕廉は帰京後モンゴル族の権利制限を謳った偽りの条款を国民政府に提出したのだという[44]。

モンゴル族は弁法に猛反発し中央に請願した結果モンゴル族代表と国民政府との間で協議が行われ、同年二月二十八日「蒙古自治問題弁法八原則」が中央政治会議を通過し、それに基づき同年四月二十三日雲王が委員長、徳王が委員兼秘書庁長となり、国民政府の軍政部長兼北平（現北京）軍事分会委員長何応欽が指導長官となる、内モンゴル全域を統轄し、高度の自治権を持つ「蒙古地方自治政務委員会」（蒙政会）が百霊廟に成立した。王公中心とはいえ、モンゴル族の団結を象徴する機関が漸く成立したのである[45]。委員には元内モンゴル人民革命党員の白雲梯（当時国民党中央委員）、伊徳欽も任命されている[46]。同じく党員の包悦卿は財政科長に任命された。だが、各王公の利害の対立や綏遠省政府主席で軍人の傅作義との衝突もあり、また中央よりの政費補助金の未支給ということもあって蒙政会はたちまち分裂の危機に直面した。

一方、日本の関東軍は一九三三年三月熱河省占領後長城を越えて華北に侵入し同年五月三十一日の塘沽停戦協定、一九三五年六月十日の梅津・何応欽協定を経て同年十一月二十五日河北省通州に「冀東防共自治委員会」、十二月十八日北平に「冀察政務委員会」という傀儡的な「自治」政権を樹立し華北を中国中央から分離したが、同年五月には関東軍代表の田中隆吉参謀が徳王と会い支援を約束している。徳王が「全蒙古民族を結束し、打つて一丸とした蒙古帝国を建設したい希望[47]」を持っていても、日本の軍部とこの頃から結びついたのであるから、中国人の「日本帝国主義は……売国奴の徳王……といった連中をかいらいとして育て、蒙古族人民を奴隷化した[48]」と非難する論が出ても仕方あるまい。以後徳王は日本と密接に結びついて、支配階級の立場に立った自治運動を進めていくのである。

蒙政会の王公の中で、親日派の徳王とチャハル省シリンゴール盟出身の反日派の索王との反目も深まったので、国民政府は索王を一九三六年一月十五日蒙政会委員長に就任させて蒙政会と日本との結びつきの防止を図り、さらに綏遠省イクチャオ盟出身の反日派の沙王等の要求もあり同月二十五日綏遠省の帰綏（現フホホト）に百霊廟の蒙政会とは別に、沙王を委員長、閻錫山を指導長官とする「綏遠省境内蒙古各盟旗地方自治政務委員会」（綏境蒙政会）を設立した[49]。国民政府は徳王支配下の内モンゴル東半分、つまりチャハル省は放棄しても西半分の綏遠省は自己の支配下に維持しようとしたのである。だが、綏境蒙政会内にも対立があった。

一九三六年五月十二日徳王は、チャハル省の徳化（現化徳）に一万五千人の兵を擁する「内蒙軍政府」を成立させ自ら総裁となり、関東軍の支援下で徳王に従った綏遠省東トゥメト旗出身のモンゴル族軍人李守信（一八九二年生れ）を参謀部部長、元内モンゴル人民革命党員の包悦卿と金永昌を参議に就任させて、「満州国」との間に共同防共と経済提携を内容とする協定を結び「親日満政策」を明らかにした。関東軍としては、「……軍政府……『其ノ勢力ヲ綏遠ニ扶植シ次テ外蒙古及……新疆……等ニ拡大センコトヲ期ス』[50]」といわれていたし、軍政府閣員に日本人が多数いた[51]というから「内蒙軍政府」は完全な日本の傀儡政権と言えよう。

　国民政府が同年七月二十一日蒙政会を撤廃したことにより内モンゴル西部が動揺したのに乗じて、同年十一月十四日、徳王の漢族も含む、内モンゴル軍二万余人は関東軍の兵器などによる後援を受けて綏遠省の傅作義軍を攻撃したが、浙江省出身の軍人陳誠や傅作義

内蒙軍

今井武夫『近代の戦争５　中国との戦い』（1966年　人物往来社）57頁より転載

等の七万人の中国中央軍に敗れ、また徳王軍からの大量脱走もあり、十二月十五日徳王も中央の国民政府に協力することを通電し事件は終息した。日本の内モンゴルへの進出はこの綏遠事件で一時挫折した(52)。

中国内では一九三六年十二月の西安事件等を通して抗日気運の急激な高まりがあったが、日本は一九三七年七月七日日中戦争を起し、関東軍は内モンゴルを「満州国」の緩衝地帯とするため、同年九月四日張家口に「察南自治政府」、十月十五日山西省の大同に「晋北自治政府」、同月二十八日綏遠省の包頭に「蒙古連盟自治政府」を成立させた。「蒙古連盟自治政府」は雲王を主席、徳王を副主席兼政務院長、李守信を蒙古軍総司令、元「満州国」間島省長の日本人の金井章次を最高顧問とし、「内蒙軍政府」を併せた形で樹立されたのである。他の二政府にも強い発言権を持った日本人の最高顧問が置かれたというから(53)、やはり三政府は完全な日本の傀儡政権である。

だが、民族主義者である徳王と日本人顧問の意見がしばしば衝突したので、関東軍は「蒙古政権の基礎を拡大すること(54)」を口実に、同年十一月二十二日張家口に三自治政府の首脳部を集め「蒙疆連合委員会」を組織した。この委員会は総務委員長に徳王、最高顧問に金井章次、産業部長に金永昌が就任し、関東軍の指導を受けることになり、それによって日蒙間の衝突はなくなった。だが、委員会統治地域内は漢族人口が圧倒的多数なため、代わりに蒙・漢間で対立が起ったという(55)。

日本は内モンゴル支配を一層強めるために一九三九年九月一日張家口に徳王を主席、「察南自治政府」最高委員の于品卿と「晋北自治政府」最高顧問の夏恭を副主席、金井章次を最高顧問、李守信を蒙古軍総司令とする、三政権の連合した、民族共和と防共を掲げる「蒙古連合自治政府」を成立させた[56]。そして最高顧問から末端の県公署に至るまですべて日本人官吏が置かれたため、徳王は不満を持っていた。

一方、元内モンゴル人民革命党中央委員会の右派の委員達は「蒙古連合自治政府」の要職についている[57]。

一九三〇年代の内モンゴルにおいては、大陸侵略政策を採る日本の軍部と結びついたモンゴル族の徳王の自治運動が王公間での親日派と反日派の分裂という紆余曲折を経ながらも昂揚し、一九二〇年代には盛んだった進歩的青年層中心の自治運動はそのために影をひそめ、一九三〇年に黒龍江省チェリム盟で、被支配階級の青年を中心とした人民が王公廃止運動を起し王公の反撃を受けて失敗した事件があった[58]のみである。

四、一九四〇年代

一九四〇年四月、国民政府は重慶で開かれた第五回中央執行委員会第八次会議で「辺境の各民族に対する一切の施策によってその自治能力を養成し生活を改善し文化を扶植し、その自治の基礎を確立せねばならない[59]」と決議したが、この時期は華北、華中は日本軍に占領され、同年三月三十日には南京に元国民党副総裁の汪兆銘が日本の傀儡の国民政府を樹立するなど日中戦争の激動期であり、決議自体の実効はなかった。

徳王は一九四一年二〜三月日本を訪問し、「蒙古青年の愛国運動は極く自然なもので、その指導方針は日本の新東亜建設の指導方針と同じものです。……東亜新秩序の完成は蒙古の完成を意味すると私は思ひます[60]」と述べた反面、「自治国」の呼称、第三国との交渉権等を要望したが、日本政府に許可されなかった。

そこで徳王は一九四二年に入ると、三月の王侯会議で、他の王公の反対を抑えて内モンゴルにおいて一定の内部改革を行うことを決定した。「第一、男女平等の強制教育を実行すること……第三、各旗の予算、決算制度を確立し、王公の財産と旗政府のそれとを分けさせ、王公個人は人民から徴税できない様にし、特権階級の経済特権を廃棄すること[61]」等である。一九二五年十月に制定された内モンゴル人民革命党の綱領に似ており、一定の進歩性を備えた改革といえるのである。だが、この改革も徳王の、自治政府内での地位低下によりあまり実行できなかった。

徳王は日中戦争末期になって日本の敗北が決定的になると、重慶の国民政府の蒋介石と連絡を取り、戦後は国民政府に賓客として迎えられ反共戦を行ったが、一九四九年十月の中華人民

共和国成立後、同年十二月外モンゴルに逃亡し、一九五〇年九月十八日中国に送還されたという。(62)

一九四〇年代においては、徳王は日本の軍部の後援下に若干の改革を行ったが、抗日闘争の高まりの中で次第にその政府の勢力が弱体化し、日中戦争末期に徳王は国民政府と和解するのである。

五、おわりに

以上の様に、本節は一九一〇年代から日中戦争末期までの、内モンゴルのモンゴル族の民族運動を眺めてきた。モンゴル族人口の中で圧倒的多数を占める牧民にとって最良の道は、外モンゴルと結びついて内モンゴルの高度自治を目指す内モンゴル人民革命党の運動であった、と断定できる。なぜならば徳王の運動は漢族に支配権を侵されつつあったモンゴル族の支配階級である王公には魅力的であっても、封建制の存続を意味するのであるから、モンゴル族の被支配階級である牧民等には到底受け入れられない運動であったと言えるからである。

両大戦間期、戦中期における中国共産党の内モンゴルでの活動については次節に譲り、(63)日中戦争終了前後から一九四七年五月の内モンゴル自治区の成立までの内モンゴル民族運動については後日を期す、ということで本節を終えたい。

注

(1) 坂本是忠『辺疆をめぐる中ソ関係史』(一九七四年　アジア経済研究所) 三六～四六頁。

(2) 尾鍋輝彦『二十世紀3　辛亥革命』(一九七七年　中央公論新社) 三〇四～三一九頁、洞富雄『近代の戦争3　第一次世界大戦』(一九六六年　人物往来社) 一三四～一四三頁。

(3) 外務省記録『満蒙政況関係雑纂内蒙古関係第一巻』(以下『内蒙古・一巻』と略す) の「公第六二号」の田中文一郎在満洲里領事から田中義一外相宛電信の「最近ニ於ケル内蒙古ノ政況ニ関スル件」に「……墨爾色 (郭摩西) ……代々『メクルテ』ニ住シ父栄禄ハ呼倫貝爾副都統衛門右廳幇弁ノ職ニ在リ……家ハ富裕ナリ……」(一九二九年三月十二日) とある。以下「最近ニ於ケル内蒙古ノ政況ニ関スル件」と略す。

(4) 外モンゴルにおいて革命政党のモンゴル人民党が一九二一年三月に結成され同年七月の革命成功後同党はクーロンに新政府を樹立し、一九二四年八月の第三回党大会で人民革命党と改称された。因にクーロンは一九二四年十一月にウランバートルと改称された。

(5) 札奇斯欽『蒙古之今昔(二)』(一九五五年　台北　中華文化出版事業委員会) 二五五頁。因に札奇斯欽はモンゴル族である。

(6) 外務省記録『満蒙政況関係雑纂内蒙古関係第三巻』(以下『内蒙古・三巻』と略す) の「機密三六号」の橋口在張家口領事代理から広田外相宛電信の「蒙古自治政務委員経歴及自治運動ニ対スル態度ニ関スル件」に「……白雲梯ハ平民出身ナリ……」(一九三五年二月二十日) とある。

（7）黄奮生『蒙蔵新誌』（一九三八年　香港　中華書局）五二五頁。

（8）党名について、国民党側文献は「内モンゴル国民党」を使い（黄奮生前掲書五二六頁）、ソ連側文献は「内モンゴル人革命党」を使い（С. Д. ДЫЛЫКОВ, Демокраситеское Движение Монгольского Народа в Китае 1953г. Москва стр. 34）、人民革命党員自身は「内モンゴル国民革命党」を使っている（外務省記録『内蒙古・一巻』の「綜合資料六第一号」の内モンゴル人民革命党員「内蒙国民革命党略史」一九三一年四月十一日。以下「内蒙国民革命党略史」と略す）。私は同党の性格からいって「内モンゴル人民革命党」を正式名称としたい。

（9）ダンバドルジはモンゴル革命以降一貫して議長などの要職にあったが、一九二八年十～十二月のモンゴル人民革命党第七回大会で「右翼日和見主義者」として追放された。МАХН-ын төв хороо, Монгол ардын хувсгалт намын товч түүх（Улаанбаатар 1967　邦訳木村肥佐生『モンゴル人民革命党略史』一九七二年　外務省アジア局中国課）六一頁、七九頁、八七頁参照。

（10）坂本是忠前掲書に「コミンテルンの目的が内モンゴルを中国から切り離すことではなく、中国本土における国共合作的形式を内モンゴルにも応用しようとしたものである」（四二頁）とある。

（11）外務省記録前掲「内蒙国民革命党略史」に「……欧洲大戦解決期ニ於ケル民族自決潮流ノ高潮、露西亜革命ノ成功、……外蒙革命ノ成功、外蒙国民党ノ鞏固、並ニ中国革命ノ爆発等ノ如キハ内蒙有志青年ニ団体ヲ組織シテ大規模ノ運動ニ資スルニ非サレハ不可ナリトノ衝動観念ヲ与ヘルニ充分テアツタ。……以上ハ内蒙有志青年カ時ニ応シテ党ヲ組織スルニ至ツタ要源テアル」とある。

（12）外務省記録『内蒙古・一巻』の「内蒙古ニ於ケル革新運動」（一九二六年）による。以下「内蒙古ニ於ケル革新運動」と略す。

（13）同右。

(14) 前掲邦訳『モンゴル人民革命党略史』に、一九二一年党綱領は「中央・地方に人民政治機構を樹立し、革命的法律を制定実施し、国の経済文化を発展させ、民衆の生活向上を図る政策を決定するとともに逐次公表する予定であると述べている」（二六頁）とある。

(15) 坂本是忠前掲書四二頁。

(16) 外務省記録前掲「最近ニ於ケル内蒙古ノ政況ニ関スル件」に「……内蒙国民黨第一次宣言……蒙古人民ハ軍閥及王公等ヨリ故ナクシテ圧迫セラレ怒ルモ敢テ言フコト能ハス……本黨ハ……人民ノ前駆トナリ帝国主義ヲ打倒シ経済侵略ヲ削除シ蒙民ノタメニ平等ヲ謀リ蒙族ノタメニ幸福ヲ謀ル」とある。

(17) 外務省記録前掲「内蒙国民革命党略史」、同「最近ニ於ケル内蒙古ノ政況ニ関スル件」による。

(18) 外務省記録前掲「内蒙古ニ於ケル革新運動」、同「最近ニ於ケル内蒙古ノ政況ニ関スル件」による。

(19) 外務省記録前掲「最近ニ於ケル内蒙古ノ政況ニ関スル件」による。

(20) 呉濤「内蒙古自治区の二十五年」（『北京周報』一九七二年　十九号　北京　国際書店）一二頁、『人民中国』記者「内蒙古自治区の変貌」（『人民中国』一九七三年二月号　北京　人民中国雑誌社）二一頁。

(21) 前掲邦訳『モンゴル人民革命党略史』に一九二四年「憲法は、……完全な無料普通教育を保障した」（六八頁）とある。

(22) 外務省記録前掲「内蒙国民革命党略史」による。

(23) 『人民中国』記者前掲論文一五頁、呂振羽『中国民族簡史』（一九五〇年　北京　三聯書店）九三頁、呉濤前掲邦訳一三頁。

(24) 外務省記録『満蒙政況関係雑纂内蒙古関係第二巻』（以下『内蒙古・二巻』と略す）の「普通第三八五号」の石塚在鄭家屯領事代理から広田外相宛電信の「蒙古奴隷問題参考資料送付ノ件」に「……王道治下ノ満洲国基本ノ民族ノ一タル蒙古民族ノ大衆カ奴隷制度ニ束縛セラレテ畜類ノ如キ境遇

ニアリテ凡ユル権利ヲ蹂躙セラレ其思想的、経済的発展ヲ期スコト能ハス政治ノ改善、文化ノ宣揚共ニ不可能ナルカ如キハ王道ヲ標榜スル満洲国ノ決シテ容認スル能ハサル処ナリ之カ解放論ノ第一テアル……軍閥統治ノ南京政府サヘ奴隷ノ全部的解放ヲ議決セリ況ンヤ王道満洲国ニ於テヲヤ」（一九三四年八月十一日）とある。因に同電信は「満洲国」興安西省総務科長薩嘎拉札布（モンゴル族）「蒙古奴隷問題」の邦訳文である。

(25) 外務省記録前掲「内蒙国民革命党略史」に「……党員ノ数ハ増加シテ一万数千ニ達シ、智識分子学生ノ総テハ党ニ加入スルニ至ツタ」とある。

(26) 同右に「……民軍ハ総計八千余ニ達スルニ至ツタ。……軍費ノ三分ノ一ハ馮軍ヨリ支給セラレ、三分ノ二ハ地方カラ徴収シ、兵器ハ外蒙及ヒ赤露カラ支給セラレタ」とある。

(27) 札奇斯欽前掲書二五二頁。因にゲンドンは後一九三六年三月モンゴル人民革命党総会で「右翼日和見主義者」として指導部から追放された。前掲邦訳『モンゴル人民革命党略史』一一三〜一一五頁参照。

(28) 外務省記録前掲「内蒙国民革命党略史」による。

(29) 外務省記録前掲「最近ニ於ケル内蒙古ノ政況ニ関スル件」による。

(30) 同右。

(31) 同右に「……国民政府モ……蒙古人ノ委員ヲ省政府ニ参加セシメ自治ハ極メテ狭義ナル地方行政上ニ局限スルニ至レリ」とある。

(32) 札奇斯欽前掲書二五六頁、外務省記録前掲「最近ニ於ケル内蒙古ノ政況ニ関スル件」、張其昀「東蒙形勢談」（『香港大公報』一九三九年九月十七日号　香港　香港大公報社）。

(33) 札奇斯欽前掲書二五六頁、坂本直道『中ソ国境紛争の背景』（一九七〇年　鹿島研究所出版会）

五〇～五二頁。

（34）外務省記録前掲「内蒙国民革命党略史」に一九二八年十一月の内モンゴル人民革命党の解党以後「……南京ハ中山主義ニ違反シ内蒙地方ヲ尽ク改省シ革命軍ノ武装ヲ解除シ、……王公ノ走狗ヲ利用シ、革命家ヲ排斥シ、……各小民族ヲ同化シテ大中華民族ヲ造ル可シ等ト高唱シ、却テ軍閥時代ニモ劣ル状勢トナツタ」とある。

（35）札奇斯欽前掲書二五三頁。

（36）外務省記録前掲「内蒙古ニ於ケル革新運動」に「……同黨ハ其勢力ハ未タ微弱テアルケレ共今日ニ於テハ内蒙古人ノ有スル唯一ノ政治的結社ト称スヘキモノテアル」とあり、同「内蒙国民革命党略史」に「……成立当初ニ於テハ少数ノ智識分子ノ秘密組織ニ過キナカツタ」とある。

（37）中国人は「内蒙古人民は革命的伝統をもっている。かれらは……長期にわたる反帝・反封建・反官僚資本主義の闘争をおしすすめてきた」（「参考資料　内蒙古自治区」『北京周報』一九七七年　四三号一九頁）と述べている。

（38）札奇斯欽前掲書二五六～二五九頁。

（39）徳王の配下として元内モンゴル人民革命党中央委員会の右派の委員の包悦卿も加わっている。黄奮生『内蒙盟旂自治運動紀實』（一九三五年　上海　中華書局）六一頁参照。

（40）外務省記録『内蒙古・二巻』の「機密公第三八二号」の有吉在中華民国特命全権公使から広田外相宛電信の「内蒙古王公会議ニ関スル『アーベンド』電報写送附ノ件」に「……徳王ノ『スポークスマン』ハ自治運動ニ関シ左ノ通リ語リタリ。……吾人ハ南京ノ支配権ヲ認ムルト共ニ外交事項ヲ除ク外一切ノ自治ヲ要求スルモノナリ。吾人目前ノプログラムハ内蒙古ノ領域ヲ支那ノ省制ヨリ分離シ蒙古人ノ統制スル単一ノ自治省ヲ組織スルニ在リ。……吾人ハ日本ノ掌中ニ陥ルハ欲セサルモ支那カ吾人ノ抱負ヲ阻止スヘク武力ヲ使用スルニ於テハ他ノ援助ヲ求ムルヨリ他ニ途無カルヘシ」（一九三三年十月十九日）とある。因に「アーベンド」は『ニューヨーク・タイムズ』上海特派員で、電報は十月中旬である。

(41) 札奇斯欽前掲書二六一～二六三頁。

(42) 田中忠夫「内蒙古自治運動の発展」（『東洋』一九三四年三月号　東洋協会）八九頁。他に札奇斯欽前掲書二六三～二六四頁参照。

(43) 田中忠夫前掲論文八九頁。

(44) 札奇斯欽前掲書二六四頁。

(45) 同右二六四～二六五頁。また入江啓四郎『支那辺疆と英露の角逐』（一九三五年　ナウカ社）に「……自治政務委員会の権限は、単に民治、保安、実業、教育、及び財政の諸事項に限定せられ、原則として独立国のみ有すべき国防、軍事、外交に関する事項は、中央政府に留保せられたものと解するのが、当然であろう」（一九二頁）とある。

(46) 入江啓四郎前掲書一九一頁。

(47) 村田孜郎「内蒙の紛争と建國運動の将来」（『外交時報』一九三五年十一月一日号　外交時報社）一二〇頁。

(48) 『人民中国』記者前掲論文一五頁。

(49) 西雅雄「綏境蒙旗の抗戦陣容」（『蒙古』一九四一年五月号　善隣協会）二五頁、札奇斯欽前掲書二六六頁。

(50) 稲葉正夫「昭和戦争史講座（第二〇回）関東軍の内蒙工作㈢」（『国防』一九六三年六月号）七六頁。

(51) 外務省記録『内蒙古・三巻』の「普通第三一一号」の藤井在英臨時代理大使から有田外相宛電信の

「『オーエン、ラチモアー』ノ内蒙独立問題ニ関スル観測報告ノ件」（一九三六年五月五日）による。

(52) 札奇斯欽前掲書二七〇頁、今井武夫『近代の戦争5　中国との戦い』（一九六六年　人物往来社）五七～五九頁。

(53) 今井武夫前掲書一二一～一二二頁。

(54) 札奇斯欽前掲書二七一頁。

(55) 今井武夫前掲書一二二頁。

(56) 札奇斯欽前掲書二七一頁。

(57) 福島義澄『蒙疆年鑑　昭和十八年版』（一九四二年　張家口　蒙疆新聞社）によれば、例えば金永昌は「蒙古連合自治政府」が一九四一年八月に改組した「蒙古自治邦政府」の交通総局局長になっている（人名録・一九頁）し、李丹山はシリンゴール盟の勧業庁長になっている（人名録・五八頁）。因に伊徳欽は蒙疆新聞社（張家口）の監事になっている（人名録・五頁）。

(58) 黄奮生前掲書『内蒙盟旂自治運動紀實』五三頁。

(59) 札奇斯欽前掲書二七三頁。

(60) 「蒙疆情報　日本をお手本に　徳王入京の第一声」（『蒙古』一九四一年三・四月号）二六六頁。

(61) 札奇斯欽前掲書二七二頁。他に外務省記録『満蒙政況関係雑纂内蒙古関係第五巻』（以下『内蒙古・五巻』と略す）の「第三八号」の望月在厚和総領事代理から東郷外相宛電信の「蒙疆王侯会議ノ件」（一九四二年三月二十八日）参照。

(62) 盧明輝『蒙古〝自治運動〟始末』（一九八〇年　北京　中華書局）四〇七頁。

(63) 拙稿「近代内モンゴルにおける二つの政党―中国共産党と『蒙古青年結盟党』―」（『東洋史論』第三号　一九八二年六月　東アジア史研究会）。

第二節

内モンゴルのモンゴル人(II)

一、はじめに

中国辺境の内モンゴル地域においては、一九二〇年代には内モンゴル人民革命党、一九三〇年代には王公の一人である徳王が各々高度自治運動を行った。前者はモンゴル族の被支配階級である牧民の立場に立ち、後者は同族の支配階級である王公・ラマの立場に立つという決定的な差はあったものの、中国中央からの一種の《分離》を目指すという点では両者は一致していた(1)。

ソ連・外モンゴルと結びついた内モンゴル人民革命党の運動は左右両派の内部分裂があり失敗し、日本の軍部と密接に結びついた徳王の運動は日本の敗戦により失敗した。

一方、一九二〇年代後半からは中国共産党の影響が内モンゴル地域にも及んできた。そして後同党の運動が主流となって一九四七年五月に内モンゴル自治区が成立し、自治運動は終結するのである。

内モンゴル人民革命党と徳王の運動については前節に譲り、戦間・戦中期の内モンゴルでの、中国共産党の運動と「蒙古青年結盟党」なるモンゴル族独自の政党の運動とを本節では考察していきたい。

二、中国共産党

中国共産党は一九二一年七月の結党後、狭義の「内モンゴル」である熱河・チャハル・綏遠においてもモンゴル族党員を通して活動を行い始めたが、その中心人物は綏遠省トゥメト旗の帰綏近郊出身のウランフ（烏蘭夫）であった。ウランフとは「赤い息子」という意味で一九三〇年に改名したのであり、元の名は雲沢であった。彼は一九〇四年、定住化したモンゴル族の中農の子として生まれ、十代半ばで早くもトゥメト旗で革命運動を行い、一九二二年北京の蒙蔵学校に入学し、一九二三年末に社会主義青年団に加入してまもなくその書記に就任し、北京の革命的学生運動にも参加した。そして一九二四年中国共産党に入党し、翌年十月内モンゴルの進歩的青年層によって内モンゴルの高度自治を目的として結成された内モンゴル人民革命党の、チャハル特別区の張家口で開かれた第一回党大会で代議員の一人となっている。ただソ連人の、内モンゴル人民革命党の結成に際しウランフ等中国の共産主義者が大きな役割を果たしたという見方は誤りである。[5]なぜならば一九二〇年代においては中国共産党の内モンゴルでの力はまだ小さかったのであり、綏遠特別区の帰綏・包頭などに党の工作委員会が作られた程度だったからである。[6]ウランフも当時まだ二十一歳であり、内モンゴル人民革命党の中央委員にもなっていないのである。

ウランフは一九二五年末にソ連の首都モスクワに行き、当地の、中山大学（後に中国共産大学と改称）で再度の共産主義教育を受けた。卒業後も大学に留まって翻訳活動をし、またソ連歩兵学校に入学したりして、一九三〇年に内モンゴルに帰った。そして彼は表向きはトゥメト旗の高等小学校の教員をしながら、中国共産党第八路軍支援下で、同様にソ連から帰国したコミンテルン中国代表団の一員だった王若飛と共に綏遠省を中心にしてモンゴル族の抗日戦線の組織を拡大し、一九三三年には張家口で「蒙古抗日軍」を組織した。[7]だが王若飛の方は一九三一年十一月包頭で逮捕され、一九三七年七月の日中戦争勃発直前まで獄中にあったという。

一九三一年九月の満州事変勃発以後、日本の軍部が熱河省経由で内モンゴルにも進出し始めると、青年層を中心とするモンゴル族は中国共産党の抗日民族統一戦線への参加の呼びかけに応じて遊撃隊を組織し綏遠省の「反帝大同盟」や熱河省、チャハル省の「抗日同盟会」などを通して、日本軍や徳王軍と戦った。一九三七年七月日中戦争が勃発すると、抗日闘争は一層活発になり、一九三八年九月には八路軍は綏遠省の陰山山脈の南部の大青山地区で、遊撃隊と合流して抗日根拠地を建設した。
一九四〇年八月同根拠地では中国共産党指導下で「綏察施政綱領」が決議され行政も整備されたが、一九四一年春にはそれは五十万~六十万の人口を擁したという。[8] 同根拠地は一九四二年七月に日本軍によって占領されたが、一九四五年四月に中国共産党によって奪回されている。[9]
また中国共産党の解放区である陝甘寧辺区（以下「辺区」と略す）では一九四一年にモンゴル族の「自治区」が設けられ「施政綱領」でモンゴル族の文化・教育の発展と宗教・風俗の尊重が謳われた。[10] 中国共産党は一九三四年十月~三五年十一月の長征以後、一貫して漢族とモンゴル族等少数民族との共同の抗日闘争の結果としての中国解放を方針としていたからである。もっとも少数民族の、《分離》を認める《民族自決》か《分離》を認めない《区域自治》かということになると、毛沢東は一九四五年四月辺区の首都延安で開かれた中国共産党第七回全国代表大会で、はっきりと《民族自決権》を主張していた。[11]
一方、ウランフは日中戦争勃発後、綏遠省で蒙旗独立旅団を成立させてイクチャオ盟を占拠したが、日本軍に撃破されてしまった。後抗日部隊である綏蒙保安隊の政治部指導員となり共産化工作を行っていたが、一九三九年今度は綏遠省政府主席の中国国民政府系であった傅作義の配下の国民党軍幹部によって迫害され、延安に入った。そこで彼は抗日軍政大学の民族学院教育長に任命されモンゴル族等を教育して幹部を養成することになったが、同時に蒙古文化促進委員会委員と辺区政府民族事務委員会主任も兼任することになった。[12]

抗日闘争はモンゴル族の被支配階級である牧民層のみならず支配階級である王公等も参加して行われ、第二次世界大戦の初期には熱河・チャハル・綏遠など内モンゴル全域で彼等による反乱が起ったという[13]。闘争全てが中国共産党の影響とは必ずしも言いきれないが、牧民等が立ち上がるのに、一九三九年春綏遠省に党委員会を成立させた中国共産党が大きな役割を果たしたことは確かであり、「抗日武装闘争というような積極的なレジスタンスは、モンゴリア草原ではあまり行われなかった」[14]という見方は誤りである。他国による軍事的支配が続けばその国家の人民が蜂起するのは歴史の常であり、近代の内モンゴルもその例外ではなかったのである。

モンゴル族の牧民・農民を中心とした抗日闘争が激化する中で、一九四二年綏遠省イクチャオ盟で国民党軍が中国共産党員を殺害した「イクチャオ盟虐殺事件」があったが、ウランフは一九四四年同盟に蒙旗政府を樹立している。日中戦争末期になると、中国共産党の内モンゴルにおける解放区である綏蒙軍区などは次第に広がっていった[15]。

ウランフは一九四五年の中国共産党第七回全国代表大会で、中央委員候補兼少数民族工作委員会副書記に選ばれている。

三、「蒙古青年結盟党」

次に「蒙古青年結盟党」という政党を見たい。一九三九年日本の傀儡政府の、徳王を主席とする「蒙古連合自治政府」の支配下にあった綏遠省の厚和（現フホホト）でモンゴル族の支配階級の知識青年であるデルゲルソクトを党首とする、「聖祖成吉斯汗ノ偉業ヲ継承シ以テ大蒙古独立国家建設ヲ企圖[16]」する、「蒙古青年結盟党」が結成された。そして一九四〇年になって内モンゴルと「満州国」の各地に二十名の党幹部が派遣され、綏遠省の包頭・チャハル省の張家口・「満州国」首都の新京（現長春）・「満州国」興安北省のハイラル・浜江省のハルビン・奉天省の奉天（現瀋陽）などで青年層を中心とする多数のモンゴル族党員を獲得し、次第に活動は活発化した。

同党は組織大綱で「1.蒙古ニ対スル外部ヨリノ壓迫及精神主義ヲ打倒シ蒙古ノ武威ヲ再ヒ復興セシメ民衆精神ヲ統一ス……3.蒙古獨立ヲ建設スル為ニ教育ヲ向上シ将来ノ獨立ヲ準備ス、4.蒙古民族ノミノ獨立國家ヲ建設ス……6.共産黨ヲ防衛ス[17]」などと謳っており、《復古主義》の色彩は若干あるものの、民族主義的進歩政策を掲げているといえる。ただ組織大綱には「……本黨ニ加入シタル者ハ現在ノ社会的地位ノ上下ヲ問ハス又年齢ノ上下ヲ問ハス同様ニ黨員ト呼称ス[18]」ともあり、「蒙古青年結盟党」の目標はあくまでモンゴル族の独立であり、モンゴル族内の階級闘争の結果としての支配階級打倒ではないことがわかる。つまり同党は日中戦争中ということもあり、民族問題を階級問題に優先させていたのである。

党員には「満州国」政府国務院興安局総裁、興安北省長、興安西省長、司令部がハイラルにある第十軍官区の司令官や参謀長というようなモンゴル族の「満州国」政府側幹部の他、ハイラルやハルビンに在住するソ連籍のモンゴル系ブリヤート人までもがなっているのである。

広義の「内モンゴル」に入るホロンバイル地方である興安北省においては一九三六年四月日本当局から、省長の、モンゴル系ダフール族の凌陞[19]を始めとするモンゴル族指導者数名がソ連の働きかけで、「伝達宝秘密会議」を組織して同省を隣接する同族の国家であるモンゴル人民共和国に合併させる陰謀を企てた、として糾弾され、凌陞、その弟で同省第一警備軍参謀長の福齢、警察部長等被告全員が有罪の結果銃殺されている[20]。陰謀の有無はともかく、パンモンゴリズムが強く一九一一年九月〜一二年一月には独立宣言がなされ、外モンゴルへの加入も請願されたホロンバイル地方[21]に反日・親ソ分子が伝統的にいるという証拠であろう。

一九二五年にもホロンバイル独立説が出ているし[22]、一九二八年七〜九月と一九二九年十一月〜三〇年一月には元内モンゴル人民革命党左派のホロンバイル青年党によって二度ソ連支援下の独立運動が行われたが、いずれも失敗している[23]。独立運動説は一九三〇年二月[24]と一九三一年十二月にもあった[25]。

一九三九〜四〇年時において「満州国」のモンゴル族居住区域である興安東・西・南・北省

の興安四省では、内モンゴルのチャハル省・綏遠省と同様に日本によって戦時体制の下での厳しい経済的搾取が行われており、[26]モンゴル族の反日意識は一九三六年の事件もあり、かなり高まっていたようである。[27]

同党は日本官憲の弾圧を避けながら、外モンゴル政府とも連絡をとり内モンゴルを中心にして反日思想に基づく独立運動を続けたが、内モンゴル諸族に大きな影響力を持ち得ないまま消滅してしまう。[28]

同党と中国共産党、内モンゴル人民革命党やソ連共産党との繋がりは不明である。もっともソ連籍の党員の存在から、同党とソ連共産党との繋がりのみは若干窺い知ることができる。[29]

また一九四一年六月には綏遠省ウランチャプ盟で、モンゴル族青年層が新蒙古建設運動を起したという。[30]

四、おわりに

本節は内モンゴルにおける、一九二〇年代から日中戦争末期までの中国共産党の運動と、一九三九～四〇年のモンゴル族の進歩的政党である「蒙古青年結盟党」の運動とを眺めてきた。

中国共産党の運動は確かに、内モンゴルのモンゴル族総人口の七五パーセントを占める被支配階級の牧民[31]の立場には立っていたが、戦後になって最終的には《高度自治》ではなく《区域自治》に収斂されていったのであるから、《自決》を求める牧民[32]の利害とは必ずしも一致しないそれであったといえる。

一方、「蒙古青年結盟党」の運動はモンゴル族全体の立場に立っていたが、基盤も弱く短命で終わってしまったのである。

日中戦争終了前後から一九四七年五月の、ウランフを政府主席とする内モンゴル自治区の成立までの内モンゴル民族運動については後日を期す[33]、ということで本節を終えたい。

注

（1）内モンゴル人民革命党の一九二五年十月の第一回党大会で採択された綱領に「支那ニ於ケル各民族自決権ノ確立」などとある（外務省記録『内蒙古・一巻』の「内蒙古ニ於ケル革新運動」一九二六年）。また外務省記録『内蒙古・二巻』の「公第六三八号」の有吉佐中華民国特命全権公使から広田外相宛電信の「内蒙事情ニ關シ報告ノ件」に「……徳王（……）出テテ新年ヲ糾合シテ自治ヲ倡導シ蒙古民族自決ヲ高倡セシヨリ民族統一ノ気運助成サルルニ至レリ……」（一九三三年十一月十七日）とある。因に後者は『華北日報』十一月二日号の記事の邦訳文である。

（2）綏遠地区は辛亥革命後綏遠特別区であったが、一九二八年九月に綏遠省に改められた。

（3）近代の内モンゴル自治運動関係者で北京蒙蔵学校出身者は多く、ウランフの他に内モンゴル人民革命党中央委員会委員長だった白雲梯や徳王がその出身である。また内モンゴル人民革命党中央委員会書記長だった郭道甫は同校教授だった。外務省記録『内蒙古・一巻』の「公第六二号」の田中在満洲里領事から田中外相宛電信の「最近ニ於ケル内蒙古ノ政況ニ関スル件」（一九二九年三月十二日）、村田孜郎前掲論文一二一頁参照。

（4）『一九七八　中共年報』（一九七八年　台北）三―三五～三六頁。

（5）С. Д. Дылыков, Демократнческое Движение Монгольского Народа в Китае 1953г Москва стр 33–34　また劉景平他『内蒙古自治区経済発展概論』（一九七七年　フホホト　内蒙古人民出版社）七七頁にも同様の見方が書かれている。

（6）《蒙古族簡史》編写組『蒙古族簡史』（一九七七年　フホホト　内蒙古人民出版社）一二九頁。

（7）前掲書『一九七八　中共年報』三―三五～三六頁、ワルター・ハイシッヒ（田中克彦訳）『モンゴルの歴史と文化』（一九六七年　岩波書店）二六一～二六二頁。

（8）《蒙古族簡史》編写組前掲書一三二～一三七頁。

（9）同右一三七～一三八頁。

（10）安井三吉「抗日戦争時期解放区の少数民族問題」（『新しい歴史学のために』一九七九年八月十五日号　大月書店）五～七頁。

（11）毛沢東は一九四五年四月に「一九二四年、孫中山先生は……つぎのようにのべている。……『国民党は、中国国内の各民族の自決権を認め、帝国主義反対および軍閥反対の革命において勝利をえたのちは、かならず自由、統一の（各民族の自由に連合した）中華民国を組織することをあえて厳粛に宣言する。』中国共産党は上述の孫先生の民族政策に完全に同意する」（「連合政府について」『毛沢東選集第三巻』一九六八年　北京　三六五～三六六頁）と述べている。

（12）前掲書『一九七八　中共年報』三―三五～三六頁。

(13) ワルター・ハイシッヒ前掲邦訳二六二～二六三頁。
(14) 江上波夫『世界各国史一二　北アジア史』（一九五六年　山川出版社）一七三頁。
(15)《蒙古族簡史》編写組前掲書一三八～一四〇頁、黄震遐『中共軍人誌』（一九六八年　香港）二四〇～二四一頁。
(16) 外務省記録『内蒙古・五巻』の「機密第八〇一号」の渡辺在張家口総領事館総領事から松岡外相宛電信の「蒙古獨立運動ヲ目的トスル『蒙古青年結盟黨』ノ策動ニ關スル件」（一九四〇年十二月二日）による。以下「蒙古獨立運動ヲ目的トスル『蒙古青年結盟黨』ノ策動ニ關スル件」と略す。
(17) 同右。
(18) 同右。
(19) 外務省記録『内蒙古・二巻』の「機密第二一四号」の米内山在ハイラル領事から菱刈在満特命全権大使宛電信の「内蒙古自治政府ノ現況ニ關スル件」に「……徳王ハ……目下内外蒙古人第一ノ人物ナリト云ハル（満洲國興安省中ニハ恐ラクハ之ニ比スルノ人物ナカルベク強テ之ヲ求ムレバ当地興安北分省長凌陞ナルベシト）……」（一九三四年九月十二日）とある。
(20) D. J. Dallin, *Soviet Russia and the Far East* (Yale University 1948　邦訳直井武夫『ソ連と極東　上巻・下巻』一九五〇年　法政大学出版局）の下巻二三二～二三三頁。
(21) 札奇斯欽前掲書二五四頁。
(22) 外務省記録『満蒙政況関係雑纂呼倫貝爾部第一巻』の「機密公第一二〇号」の田中在満洲里領事から田中外相宛電信の「呼倫貝爾獨立説ニ關スル件」の、新巴爾虎右翼総管帮辦韓継祖（蒙古名『ニマジャップ』）の談話に「……呼倫貝爾蒙古人獨立説ニ關シテハ三年前耳ニシタルコトアルモ最近ハ之ヲ聞カス但シ一般蒙旗民ハ支那官憲ニ対シ好感ヲ有シ居ラス其三分ノ一ハ獨立ノ希望ヲ有シ居レルモ之ヲ實現スルニハ外国ノ援助ヲ必要トス」（一九二八年七月十日）とある。因に巴爾虎《バルガ》とはホロンバイル地方のことである。

(23) 札奇斯欽前掲書二五六頁。

(24) 外務省記録『満蒙政況関係雑纂呼倫貝爾部第三巻』（以下『呼倫貝爾・三巻』と略す）の「機密公第四一号」の田中在満洲里領事から幣原外相宛電信の「海拉爾蒙古政廳ノ行政權回収運動始末ニ關スル件」に「……呼倫貝爾獨立ノ計畫……今回ノ運動ハ……呼倫貝爾獨立ノ自治ヲナスモノニシテ……凌陞……福齡……活動シ……」（一九三〇年二月七日）とある。

(25) 外務省記録『呼倫貝爾・三巻』の「聯合外信第七二号」の「呼倫貝爾獨立計畫熟す」に「……呼倫貝爾の蒙古青年黨首領郭道甫氏は……内蒙古獨立を畫策し……一切の手続を終り次第宣言を発して獨立を聲明する運びとなってゐる」（一九三一年十二月十九日）とある。

(26) ワルター・ハイシッヒ前掲邦訳二五八〜二五九頁。また中国人の言として「一九三二年から一九四四年にかけて、日本のファシストは東北地方から石炭を二億二三〇〇余万トン、銑鉄を一一〇〇余万トン、鋼鉄を五八〇余万トン略奪していった」（「一．座談会　十四年にわたる生き地獄——中国東北地方における日本帝国主義の罪行をあばく」〈『人民中国』一九七一年十一月号　北京　人民中国雑誌社〉四六頁）とある。

(27) 「蒙古青年結盟党」の幹部でモンゴル系ブリヤート族のドルジの言葉として「……支那事変ノ本質ハ日本ノ侵略戦ナリ今ニシテ蒙古民族獨立ヲ建設セサレハ第二ノ朝鮮トナルヘシ」（外務省記録前掲「蒙古獨立運動ヲ目的トスル『蒙古青年結盟黨』ノ策動ニ關スル件」）とある。

(28) 同右。

(29) 同右に「黨員獲得状況要圖……哈爾浜『ソ』聯籍ダバエフ『ブリヤート』人一、1.モスコー共産大学卒業後英國某大学ニ学ヒ……一、哈倫貝爾蒙古人ニ対シ工作シアルカ如シ……」とある。

（30）外務省記録『内蒙古・五巻』の「第四六号」の望月在厚和総領事代理から松岡外相宛電信に「……最近『ウランチャプメイ』ニ於テハ達蒸旗『トイラマインムス』喇嘛僧『ダンジン』（二五才）ヲ中心トスル盟内各旗蒙疆青年層ノ間ニ新蒙古建設運動ノ擡頭ヲ見……革命的行動ニ訴ヘントスルニ至リタル……反王侯運動擡頭セントスル傾向アル……斯ル政治的運動ハ……外蒙古宣伝謀略ノ乗スル所トナルヘク相当注意ヲ要スルモノト認メラル……」（一九四一年六月二十一日）とある。

（31）呉濤前掲邦訳一三頁。

（32）外務省記録『内蒙古・一巻』の「公第六八七号」の芳沢在支那特命全権公使から幣原外相宛電信の「内蒙古自決運動ニ關スル調査提出ノ件」に「民國十三年末ニ至リ外蒙古カ最初ノ國会ヲ召集シ憲法ヲ議定シテヨリ内蒙古有志ニシテ内蒙古自決運動ヲ策動スルモノアリ当時ロシア共産党（即勞農政府）ハ外蒙古ニ扶植シタル勢力ヲ確実ニスル為内蒙古ニ擴張センコトヲ策動シタルモノノ如ク……」（一九二六年六月七日）とある。

（33）一九四五～四七年の内モンゴル民族運動については《蒙古族簡史》編写組前掲書一四〇～一四五頁、余伯顔『内蒙古歴史概要』（一九五八年　上海　人民出版社）一六五～一六六頁、毛里和子「新中国成立前夜の少数民族問題―内蒙古・新疆の場合―」（『講座中国近現代史7　中国革命の勝利』一九七八年　東京大学出版会）参照。

第二章

チベット人

第一節

西康・青海のチベット人

一、はじめに

中国辺境のチベット高原はチベット族によって歴史的に衛（中央チベット）、蔵（西チベット）、西康（カム）、青海（アムド）の四地域に分けられ《大チベット》とされており、前二者は特にチベット本部と呼ばれている。つまり狭義のチベットである。

近代においてカムとアムドの両地域は一応中国の完全支配地域とはなっていたものの、特に前者が隣接する、半独立状態のチベットからの再三の出兵に悩まされ、その上、中国内の他地域と同様にカムとアムドにはイギリスとフランスというヨーロッパの帝国主義勢力が進出していた。またカムには中心勢力として漢族軍閥、アムドには同じく回族軍閥が蟠踞し、情勢をより複雑化させていたのである。

以下一八世紀半ばから日中戦争終了前後までの西康、青海の歴史を振り返り、チベット本部のそれとの、中国からの《独立》という点に関する相違を浮かび上がらせたい。

二、西康（カム）近・現代史

西康はチベット高原東延部分で、揚子江、イラワジ、メコンなどのアジアの大河の上流にある、現在はチベット自治区昌都《チャムド》専区と四川省に分かれている地区である。チベット族が人口の六〇パーセントを占め、他にチベット系のイ族、チャン族等が住んでいるが[1]、西康のチベット族はカムパと呼ばれ、好戦的な民族として知られている。チベットラマ教の最高活仏で支配者であったダライ・ラマの親衛隊的存在になり、一九五九年のチベット反乱の主戦闘力となったのもこのカムパであったという[2]。

溯れば一八世紀半ばチベットが清朝の藩部になった時、その領域だったカムは中央を南北に流れる揚子江上流の金沙江以東が清朝の直轄領となり、四川省に編入された。金沙江以西はダライ・ラマの直轄地として残ったが、境界線上で支配地域を拡大しようとする清軍とチベット軍の紛争は続いた。一九〇三年チベットへの進出を企図するイギリスのフランシス・ヤングハズバンド軍のチベット遠征以後チベット内が混乱すると、川滇（四川、雲南）辺務大臣兼駐蔵大臣である趙爾豊率いる清軍はカム西部を占領し、一九一〇年二月には西康省の新設と同省における交通の改善、教育機関の整備などが計画されたが実現しなかった[3]。

一九一一年十月辛亥革命が勃発すると、逆に《大チベット》領有を企図するダライ・ラマ一三世(4)の命令下で一九一二年七月チベット軍が西康地区に進出し、東進して四川省境にまで迫ったが、同月四川・雲南両省の都督率いる中国連合軍に西康中部の巴塘で敗れチベット領内に撤退した。

そこで中国北京政府は一九一二年川辺経略使を置き、一九一四年六月には四川省西部とカム全域を併せて川辺特別行政区とし川辺鎮守使と川辺道を置いた。境界線上での紛争が続き一九一七年秋には西康西部の昌都でチベット軍と中国軍が衝突し、続いて各地のチベット族がダライ・ラマ一三世に使嗾されて反乱を起したりした。この衝突は一九一八年九月昌都で、中蔵間に金沙江を両者の境とするという停戦条約が締結されたことによっておさまっている。その後一九二四年川辺督弁が置かれたが同年川辺特別行政区は西康特別区と改名され、一九二六年西康屯墾使が置かれ中国軍のチベットに対する最前線の根拠地的意味を持ち、一九二八年八月南京の国民政府成立と共に九月西康省に昇格した。

一九三〇年十一月には四川省南西部の八県が西康省域に編入され、巴塘が省都に定められた。だが国民政府の政治が及ぶのは金沙江以東のみであり、以西では漢族役人はいたもののダライ・ラマ一三世を最高権力者と仰ぐチベット族土司が実権を掌握していて、省としての実体はないに等しかった。一九三〇年西康省北東部の甘孜の大金寺事件の結果、チベット軍二五〇〇と中国軍が衝突し、チベット軍が敗れて一九三二年十月再び金沙江を両者の境として休戦となった。

その後一九三四年十月から一九三五年十一月まで中国共産党の紅軍が江西省瑞金から陝西省延安までの大長征を行い、途中一九三五年五～六月に西康省を通過した時、同地のチベット族人民の中で紅軍を誤解して姿をかくす者もいたが、紅軍に参加する者も多数いた。さらに一九三六年六月には紅軍の援助もあり、西康省東部の乾寧に中華ソビエト共和国ポエ・パ（チベット族の自称）政府という、支配階級である一部の土司やラマも含むチベット人民政府が樹立され、チベット族農奴出身のレンチン・ドジが主席となった。政府は中国共産党の政策を宣伝し、紅軍に食糧などを供給したが、紅軍が北上すると、支配階級であるチベット族農奴主によって解散させられ、多くのチベット族人民が虐殺されたという[5]。

同年末金沙江付近に駐留していたチベット軍が一九三三年十二月のダライ・ラマ一三世の死去などもありチベット領内に完全に撤退してようやく西康省に平和が戻り、一九三八年九月にはさらに四川省南西部の十四県が西康省に編入された。

一九三〇年代半ばには「西康僧民」から中国国民政府に対して、西康救済を叫ぶ「陳情書」が提起されたという[6]。

西康省には一九三〇年頃から同年四川省主席に任命された軍閥劉文輝の勢力が及んできて、彼は一九三二年には川康辺防総指揮として西康省西部に侵入してきたチベット軍と戦ったが、同年から一九三四年までの、甥の劉湘との戦いに敗れて一旦没落した。だが劉文輝はまもなく盛り返して一九三五年七月西康建省委員会委員長となり、一九三九年一月には経済建設の励行、辺地教育の普及などの「建省中心工作六項」を述べて西康省政府の主席となり、同時に東部の康定を省都として実質的に成立した西康省の全域を支配することになった。そして彼は一九四〇年四月重慶の国民政府が打ち出した《民族自治》政策に則った民族の宗教や風俗・習慣を尊重するなどの《民族保護》政策などを実行しようとしたが、西康省自体が交通不便や資本欠乏などにより未開発のため施策は一向に進まなかった。[7][8]

三、西康社会

近代の西康において実力者はチベット族の土司であり、彼等は各々広大な土地と数千から数万の牛、羊などの家畜を所有し、被支配階級の農奴や牧民の生殺与奪の権を掌握して支配し、田賦や牲税（家畜税）などの租税を徴収し、さらに賦役を課していた。他に支配階級としてラマがおり、甘孜・巴塘などのラマ寺院のラマは広大な土地を所有し農民に賃貸して小作料を取り、また宗教的「寄進」などを通して人民を圧迫していた。[9]しかも彼等は納税の義務が免除されていたという。[10]

教育について見れば、西康の文盲率は高く、初等・中等学校は若干あるものの、支配階級である土司等の子弟のみが入学できたに過ぎなかった。[11]ただし一九四〇年になって《民族保護》

政策により、学校が多数建設されたという[12]。

経済について見れば、農業は様々な宗教的迷信や技術の幼稚さなどのため生産は増加せず、中心産業である牧畜業も不安定な遊牧のため家畜頭数はあまり増加しなかった。工業も一九三九年以前は近代的な工場が昌都のイギリス人経営のそれを除いて一つもないという遅れた状態だったが、西康省が正式に成立した同年以後、重慶の国民政府の援助によって羊毛工場などが建設され、若干の進歩を見せた[13]。

一方帝国主義勢力としてイギリスがチベットから西康にまで影響力を及ぼそうとして一九一九年八月にチベット問題についての、金沙江以東を中国領、以西をチベット領とするという調停案二種を中国北京政府に出したり、また一九三〇年代に西康省全体で教会を三建設したり[14]昌都で工場を経営したりした[15]。

さらにフランスも雲南経由で西康に進出を図っていた。一九世紀末以後フランス人宣教師が康定・巴塘などに定住して教会を建設し、チベット族の支配階級である土司から肥沃な土地を低額で買い、高い小作料を取ってチベット族農民に賃貸したという[16]。また彼等は教会付属という形で学校も若干経営し、チベット族等の宣教師を養成した。一九三〇年代半ばには西康省全体でフランス系の教会が十三あったという[17]。キリスト教信者は漢族が多かった。

四、青海（アムド）近・現代史

青海は崑崙山脈の東側の支脈であるバヤンカラ山脈によって、黄河上流域と揚子江流域に二分される高原地区である。人口の四二パーセントがチベット族、回族、モンゴル族等の少数民族であり、主に南部に住むチベット族は人口の二二パーセントを占めている[18]。

溯れば清代においてはアムド北東部の西寧駐在の青海弁事大臣がホショットなど五部と約四十の土司を支配し、北東部は甘粛省西寧府に属して三県があった。

辛亥革命以後弁事大臣が弁事長官に改められ、中国北京政府は一九一二年三月の臨時約法で青海を中国の一部であるとし、一九一三年には蒙番宣慰使を設けた。その後一九一五年アムドは甘粛省西寧道と甘辺寧海鎮守使の管轄とされた。そして西北軍閥馮玉祥系の回族軍閥で甘辺寧海鎮守使に任命された甘粛省出身の馬麒の一族が西寧に拠って次第に勢力を確立したが、一九一九年青海屯墾使、一九二六年青海護軍使が置かれ一九二八年十月甘粛省に属していた西寧道属の七県が青海に編入され、一九二九年一月青海省が西寧を省都として成立した。だが青海省も、国民政府の直接統治が及ぶのは北東部だけであった。

馬麒は一九三〇年省政府の二代目の主席に任命され、一九三一年八月馬麒が死去すると弟の馬麟が主席に就任した。だが青海省の実権は次第に馬麒の子で馬麟の甥の馬歩芳に移り、彼は一九三二年三月青海とチベットの境界紛争の結果、青海省南部の玉樹地方に侵入してきたチベット軍を西寧から長征して討ち、一九三三年七月青海省政府委員の立場でチベット政府と相互不侵略協定を結んだ。[19]

馬歩芳は、主に農民から軍糧としての糧食を徴発する政策である「派糧」、主に牧民に対して羊毛などを課す租税政策である「派草」、軍隊の近代化政策である「派兵」の三大政策や商業自営政策を採って人民を搾取し、人民の怨みを買ったという。[20] 彼は一方では道路整備、アヘン厳禁、[21] 文盲退治などの積極政策である「六大中心工作」を実行する中で、一九三八年七月青海省政府主席に就任した。実権の完全な掌握である。日中戦争中、馬歩芳は重慶の国民政府の「民族」を認めないという《宗族政策》に基づいて少数民族と漢族との強制同化政策を採り、少数民族、特にチベット族とモンゴル族の人民を圧迫し、一九四三年七月には彼の部隊が西康省昌都付近でチベット軍と衝突したりした。[22] 戦後彼は西北掃共司令となったが、一九四九年に中国人民解放軍に敗れて西寧を離れた。

五、青海社会

近代の青海においては省県行政はあるものの、実力者はバヤンカラ山脈以北ではモンゴル族等の王公、以南ではチベット族の土司であり、彼等は一定の自治権を持ち広大な土地と多数の馬、牛、羊などの家畜を所有していて、各々の地区の被支配階級の牧民や農民を田賦や賦役などを通して搾取していた[23]。

支配階級として他に、宗教方面の主であるラマ・アホンがおり、ラマ教のラマはチベット族・モンゴル族、イスラム教のアホンは回族を各々支配していた。特に前者は広大な土地を所有し、農民に賃貸して小作料を取っていた。

青海省の行政機関の役人と軍隊幹部[24]は共に回族であり、イスラム教徒の主席が地方に回教主であるアホンを派遣したなどのことから、同省ではイスラム教に限っての政教合一であり少数民族中第二位の回族が政治・軍事の面で優位に立っていたといえる[25]が、一方少数民族中第三位のモンゴル族の王公の中には一九三〇年代半ばに《独立運動》を起した者もいたという[26]。

教育について見れば、青海省政府経営の学校は少ない[27]のに対し、馬歩芳を委員長とする、一九二一年設立の回教促進会が経営する学校は一九三五年時で初等・中等合わせて一〇〇余校あった。だが学校ではイスラム教教義の講義よりも軍事訓練に重きが置かれており、入学者もイスラム教徒の支配階級の子弟にほぼ限られていた[28]。故に青海の文盲率はかなり高かったのである[29]。ただし教育を受けた回族青年の中から《民族平等》思想を持つ者も出たという[30]。

経済について見れば、農業は清末から積極的に開墾が試みられたが寒冷な気候や経費不足、技術の幼稚さなどのため進歩せず、中心産業である牧畜業も支配階級である王公、土司等が家畜を独占しており、また遊牧ということもあって発展しなかった。工業も近代的な工場は一つもなく羊毛・牛皮などを扱う手工場のみであった。[31] これらから青海「省は今なお未開の曠野であり、……産業的にもさして重要な意義を有していない」[32] などと侮蔑する論が出てくるのである。

また一九三〇年代半ばには青海省全体で国民党員が四九〇余名いたという。[33] 一方青海には帝国主義勢力としてフランスが清末の隴海鉄道の鉄道借款を通して甘粛方面から進出し始め、辛亥革命以後鉄道建設が進んで一九三六年には江蘇省の海州から陝西省の宝鶏まで達し西寧までの延長が計画されたが、日中戦争で中断された。だがそれにもかかわらず一九三〇年代にフランスの勢力は伸展し、西寧を中心に約三〇〇の学校と約一〇〇の教会が建設され、多数のフランス人宣教師が入りこんだという。[34] キリスト教信者は青海でも漢族が多かった。他方イギリスも一九三〇年代に一時青海省への進出を企図したが、あまり成功しなかった。[35]

六、おわりに

本節をまとめれば、西康、青海では近代において土地の未開発という悪条件の中で軍閥を頂とする土司・ラマ等の支配階級が農奴・牧民等の被支配階級を搾取し、一九三六年の「ポエ・パ政府」成立時のような階級闘争もあったが、一般的に支配階級が優勢であり、またそれと結びついたイギリス・フランスの両帝国主義勢力がキリスト教を手段として一定の地歩を築いていたということと、西康の方がよりチベット本部と境界線上の紛争などもあり関係が深かった、ということがいえるのである。

近代のチベット本部においては支配階級に《独立意識》が強固だった[36]ことと、イギリスの援助があった故[37]、《半独立状態》であったが、それに対し《大チベット》の一部である西康・青海においては各々支配者である軍閥に《独立意識》が皆無に近かった[38]ことと、清朝↓中国北京政府↓中国国民政府の支配が、軍閥や土司を通しての間接的なそれだったとはいえ、チベット本部と比べ相対的に一貫して強固であった故、青海の一部王公の独立運動はあったものの、分離の危機はなかったのである。

ただしイギリスには両地域の併合も将来の構想としてあったのであるから[39]、危機が全くなかったとはいえない。

一方中国共産党は一九三〇年代半ばの西康省を除いて影響力はなかった[40]。

日中戦争終了前後から一九四九年までの西康・青海両地域の歩みについては後日を期すということで、本節を終えたい。

注

（1）エリ・ボブロフスカヤ（中川訳）「西康省」（『蒙古』一九四一年五月号　善隣協会）によれば、一九三九年時で西康省の人口は二四一万八〇〇〇人であったという（一一三頁）。

（2）村松一弥『中国の少数民族』（一九七三年　毎日新聞社）一四三頁。

（3）東亜同文会『新修支那省別全誌　第九巻　青海省・西康省』（一九四六年　東亜同文会）一九五頁。

（4）外務省記録『西蔵問題及事情関係雑纂第二巻』（以下『西蔵・二巻』と略す）の『東京日日新聞』一九三二年九月二十二日号所載の「大西蔵独立事実上実現か」に「……西蔵族の理想とするところは西蔵を中心に西康省の大部分、雲南省の中甸、維西以北及び青海省の玉樹以南をもつて一丸とし二五族を糾合して西蔵の黄金時代たる唐時代における大西蔵を再建せんとするにある……」とある。

（5）王寿才（仁欽多吉）「回憶博巴政府的日子」（『民族団結』一九六二年三月号　北京　民族出版社）二一～二三頁。

（6）善隣協会調査部『赤化線上の蒙古と新疆―支那辺境の諸問題―』（一九三五年　善隣協会）にその内容として「一、中央は大官を特派し、西蔵との境界を劃然たらしめ後患を除去すること二、省政府を速かに組織し、全西康を責任を以て管理すること……四、災禍救済金を支出すること」（二六二～二六三頁）などとある。ただし「西康僧民」が西康省のどの階級を指すかは不明である。

（7）札奇斯欽前掲書に「一九四〇年四月、国民党第五回中央執行委員会第八次会議は、『辺境の各民族に対する一切の施策によってその自治能力を養成し生活を改善し文化を扶植し、その自治の基礎を確立せねばならない』と決議した」（二七三頁）とある。

（8）橘善守「資料　抗戦過程に於ける西康、新疆両省の地位」（『東亜問題研究』第一輯　一九四〇

年十月　東京日日新聞社）一三二頁。因に同文は「西康与新疆之開発」（『経済研究』第一巻第七期一九四〇年三月　上海）の邦訳文である。なお同文には「……各方面の輿論は悉く劉氏を以て中央の政策を忠実に実行する理想的人物にあらずとしている」（一三七頁）とある。

（9）エリ・ボブロフスカヤ前掲邦訳一一三〜一一六頁。

（10）東亜同文会前掲書二〇〇頁。

（11）エリ・ボブロフスカヤ前掲邦訳に「西康住民の文化程度は低級である。……極初歩的な読み書きすら、喇嘛僧又は都市のブルジョア階級以外には殆んど出来る者はない。小、中学校の数では西康は支那に於いて最下位に居る」（一一五〜一一六頁）とある。また外務省記録『西蔵・二巻』の外務省調査部「西康省事情」に「西康の西蔵系住民にて漢字を知る者は約五百人、……新式の学校は金沙江以東の地に中等程度の師範学校三校（内一校は基督教の拉丁学校）その生徒一三六人、職員二五人あり、小学校は初級、両級を合せ合計五五校（内一三校は基督教、一校は回教）その生徒合計二〇四四人、教員一三〇人ありと統計さるる……」（一九三八年三月）とある。フランス人経営の初等・中等学校が存在していたことがわかる。以下「西康省事情」と略す。

（12）エリ・ボブロフスカヤ前掲邦訳一一六頁。

（13）同右一一六〜一一八頁。

（14）外務省記録前掲「西康省事情」による。

（15）外務省記録『西蔵問題及事情関係雑纂第一巻』（以下『西蔵・一巻』と略す）の「機密公第四〇号」の阿部在成都総領事館事務代理から幣原外相宛電信の「西康ニ於ケル英国ノ勢力東漸ノ状況ニ関スル件」に「西蔵ノ英国ノ勢力範囲ナルコトハ周知ノ事実ナルカ英国ノ野心ハ西蔵ヨリ更ニ天然物ノ無尽蔵ナル西康ニ其勢力ヲ延ハシ進テ四川省中ノ豊庫タル北部松蕃地方ニ進展セントスル野心歴然タルモ

ノアリトテ……現昌都行政長官ハ達頼心腹者ニテ英人ノ推薦ニ係ルモノナリ従テ昌都ニハ英国領事館設置サレアリ昌都及昌都寧静間ノ電線ハ総テ英人ノ計画施設ニ係ルモノニテ尚ホ同地ニハ英人ノ経営ニ属スル昌都興弁織呢廠（羅紗工場）採金廠、鉄鋼廠アリ何レモ規模宏大ナリ……」（一九三一年四月十五日）とある。因に「……現」以下は中国紙（紙名不明）の邦訳文である。

(16) エリ・ボブロフスカヤ前掲邦訳一一五頁。

(17) 外務省記録前掲「西康省事情」による。

(18) 福島義澄前掲書によれば、一九三九年時で青海省の人口は一一九万五〇五四人であったという（六三九頁）。

(19) 外務省記録『西蔵・二巻』の陳健夫「民国以来ノ中蔵関係」、中田吉信『回回民族の諸問題』（一九七一年　アジア経済研究所）一一八頁。因に外務省記録『青海政況及事情関係雑纂』（以下『青海』と略す）の「機密公第二八八号」の有吉在中華民国特命全権公使から内田外相宛電信の「西蔵軍ノ青海西康侵略ニ関スル件」に「……㈢林主席及ヒ蔣軍事委員長宛青海各界ノ請願電……玉樹地方ハ青海ノ管下ニシテ中国ノ領土ナリ……青海省ハ国難発生ニ加ヘ連年ノ水旱災ニ依リ財政ノ窮乏甚シク（……）糧食兵器ハ中央ヨリ供給ヲ受クルニ非サレハ他ニ来源ナシ……」（一九三二年九月二十二日）とある。以下「西蔵軍ノ青海西康侵略ニ関スル件」と略す。なお同電信は『時事新報』一九三二年九月十三日号の邦訳文である。「青海各界」が具体的にどの階級を指すかは不明である。

(20) 外務省記録『青海』の「機密公第三四九号」の有吉在中華民国特命全権公使から広田外相宛電信の「新聞報記者陸詒ノ青海ニ関スル談話報告ノ件」（一九三三年九月二十九日）、長江（松枝茂夫訳）『中国の西北角』（一九三八年　改造社）一七二〜一七五頁。前者を「新聞報記者陸詒ノ青海ニ関スル談話報告ノ件」と略す。陸詒は『上海大公報』の記者である。後者の長江は『天津大公報』の記者である。

(21)　陳賡雅（井上紅梅・武田泰淳共訳）『支那辺疆視察記』（一九三七年　改造社）に「清末民初の頃には甘粛所属の諸道は、その歳入を阿片採集税に依頼すること多く……」（一九九頁）とある。陳賡雅は上海の『申報』の記者である。

(22)　外務省記録『西蔵・一巻』の「第七二号」の望月在厚和総領事代理から青木大東亜大臣宛電信の「馬歩芳軍ト西蔵土族民トノ衝突ニ関スル件」に「……『チヤムト』駐屯ノ馬歩芳軍部隊ハ……巴塘（……）、各地西蔵人土族竝ニ拉薩方面ヨリ来援セル西蔵軍ニ攻撃セラレ……」（一九四三年七月二十四日）とある。

(23)　外務省記録『青海』の「機密公第三九二号」の須磨在広東（現広州）総領事代理から幣原外相宛電信の「青海住民生活状況ニ関スル件」に「……番民ノ政治上ノ最高権力者ハ王公ニシテ……世襲制ナル……土民ノ頭目ハ土司ト称シ同シク世襲制ニシテ土人ハ絶対ニ尊奉シ……」（一九三一年三月五日）とある。他に東亜同文会前掲書一七五頁参照。

(24)　外務省記録前掲「新聞報記者陸詒ノ青海ニ関スル談話報告ノ件」によれば、馬歩芳は一九三三年時で四万～五万人の兵を擁していたという。

(25)　同右に「此等政権ヲ掌握セル回教徒ハ中央政府ニ対シ特別ノ好感ヲ有スル訳ニアラス不即不離ノ態度ヲ持シ居リ最近ニテハ回教徒ノ祖国土耳其ノ復興ヲ希望スル傾向アリ……彼等ハ亦西北回教共和国建設ノ野心ヲ有シ居ル如ク見受ケラル……」とある。

(26)　外務省記録『青海』の「機密第三二六号」の有吉在中華民国特命全権公使から広田外相宛電信の「青海王公雅清斉ノ青海自治計画ノ件」に「……㈠我等ノ目標　我等ハ武装ノ軍隊ヲ整ヘテ中央政府ニ対シ先ツ青海ノ自治ヲ要求シテ立タントスルモ中央カ此ヲ容レナケレハ直チニ武装ノ力ヲ以テ独立ヲ宣セントスルノテアル。我等ノ目標ハ新疆寧夏ト青海ヲ合シテ西北ニ新独立国家ヲ建設セントスルニ在ル」（一九三四年七月二十五日）とある。なお「雅清斉」は当時の内モンゴル自治運動指導者徳王とも面識があったといわれる。ただし長江前掲邦訳には「……青海の内情は、決して一般世間で謡伝してるように、独立の危険があるのではない」（一八二頁）とある。

(27) 長江前掲邦訳に「政府経営の学校は、経費も人材も共に欠けているため、取り立てて言うべきほどの事もない」（一七六〜一七七頁）とある。

(28) 同右一七六〜一七七頁。

(29) 馬鶴天（吉田訳）「青海産業の現状とその将来」（『蒙古』一九三九年九月号　善隣協会）に「その住民は、……文化は遅れ、交通は不便で、加うるに幼稚なる宗教心強くして諸種のタブーの残存するを見る。かくして豊富なる物産も捨てて顧みず、依然として原始的生活に甘んじていると云うのが実状である」（五六頁）とある。

(30) 長江前掲邦訳一八〇〜一八一頁。

(31) 馬鶴天前掲邦訳五七〜六三頁。

(32) 善隣協会調査部前掲書二五八頁。また陳賡雅前掲邦訳に「青省は面積広しといえども、海東十余県を除く二十県は、多くは沮洳たる寒瘠地で、財政は悉く此十数県の収入によって維持され、拮据艱難すでに極点に達す」（一九三頁）とある。

(33) 陳賡雅前掲邦訳二〇五頁。東亜同文会前掲書一二七頁。

(34) 善隣協会調査部前掲書二五九〜二六〇頁。

(35) 外務省記録『青海』の「機密公第二一号」の有吉在中華民国特命全権公使から広田外相宛電信の「青海開発方ニ関スル雅清斉ノ申出ノ件」（極秘扱）に「……昨年ニ至リ英国側ヨリ英国ニ於テ青海開発ヲ援助スル交換条件トシテ西蔵ヨリ青海ヲ通シ包頭ニ至ル交通路ノ建設ヲ英国ノ手ニテ行フコトヲ

許可アリタク……英本国ニ派遣方要求アリタリ……」（一九三四年一月十六日）とある。また同「新聞報記者陸詒ノ青海ニ関スル談話報告ノ件」に「……英国ハ長江方面進出ノ魂胆ヨリ西蔵ノ勢力ヲ利用シ漸次青海ニ侵入セント企テ……」とある。

(36) 一九四〇年二月に即位したダライ・ラマ一四世は「チベットが中国の一部であった、という中国側の主張には、なんらの歴史的根拠がない。一九一二年から、運命の年、一九五〇年にいたるまで、チベットは、他のどんな独立国とも同じように、事実上の完全独立を楽しんでいた」（ダライ・ラマ一四世〈日高一輝訳〉『この悲劇の国、わがチベット』〈一九七九年　英潮社〉九二頁）と述べている。

(37) 外務省記録『西蔵・一巻』の「公信一〇〇三号」の桑島在漢口（現武漢）総領事から幣原外相宛電信の「西蔵事情報告ノ件」に「……英国ハ西蔵ノ独立ヲ使嗾シ中国ノ擁護ヲ離脱セシメ以テ其ノ侵併ヲ容易ナラシメントスルモノニシテ一片蔵人ニ対スル愛護ノ精神ヲ有セス」（一九二九年十二月二日）とある。因に同電信は中国新聞（新聞名は不明）所載の葛之茎『西蔵綏撫策』（一九二九年十二月）の邦訳文である。以下「西蔵事情報告ノ件」と略す。

(38) ただし外務省記録『青海』の「機密第一八八号」の三浦在上海総領事から有田外相宛電信の「『シヤリフハン』ノ青海事情報告ニ関スル件」には馬歩芳の言葉として「……日本軍カ……自分等ニ対シ直接軍事的援助ヲ与フルコト可能トナラサル限リ仮ニ独立ノ旗ヲ挙ケタリトスルモ直チニ中央及『ソ』連ノ飛行機ニ爆撃セラレ所詮成功セサルヘキヲ以テ自分ハ只管時機ノ到来ヲ待チ居ルモノナリ」（一九三九年一月十八日）とあり、彼は日本の援助による《独立》をほのめかしている。また同右に「……四、中央ノ馬ニ対スル態度　中央ノ馬ニ対スル態度ハ……極メテ警戒的ニテ即チ陳等ヲ派シソノ行動ヲ監視シ……馬ハ心中甚タ不満ニテ中央ヨリノ派員ニ対シテハ敬遠的態度ヲ採リ……」とある。以下「『シヤリフハン』ノ青海事情報告ニ関スル件」と略す。さらに外務省記録『青海』の「機密第三三五二号」の日高在上海総領事から近衛外相宛電信の「青海甘粛事情ニ関スル件」には「……回教徒等ハ支那ヨリ独立スルコトト共産主義ヲ一掃スルコトニ興味ヲ有ツテ居ル……」（一九三八年十月二十一日）とある。

(39) 外務省記録『青海』の「青海省」に「英国人ハ……一歩々々侵略シ来ル状勢ナルヲ以テ吾人ニ於テ断然之ヲ却クル方途ヲ講スルニ非サレハ西蔵、西康、雲南、青海ノミナラス芒々禹甸（支那ノ旧称）ノ地ヲモ保持スル能ハサルニ至ルヘク斯ク観シ来レハ同地方ハ実ニ吾人立足ノ地トイフヘシ」とある。

(40) 外務省記録前掲「『シャリフハン』ノ青海事情報告ニ関スル件」に「……共産党ハ回教徒ニ対スル工作ヲ重視シ種々画策シ居ルカ如キモ青海ニ対スル工作ハ目下ノ所余リ認メラレス回教徒ノ共産主義ニ対スル憎悪ハ非常ナルモノニテ共産党ニシテ如何ニ工作スルトモ所詮ハ失敗ニ了ルヘシ」とある。中国共産党の青海省に対する影響力は皆無に近かった様である。

第二節　チベットのチベット人

一、はじめに

中国辺境の少数民族地域の一つ――チベットは戦間期において半独立の状態のまま、中国中央政府と厳しい対立関係を続け、第二次世界大戦後は中国人民解放軍の進駐の結果《反乱》を経て、《区域自治》が実施されるという、特異な歴史を歩んだ地域である。その所以の第一はラマ教の最高活仏ダライ・ラマ(1)の存在であり、第二はイギリスなどの帝国主義勢力の介入であろう。私は《チベットは一貫して中国の固有の領土であり、チベット民族は絶えず中華民族の一員という意識の下に行動した》という中国の見方(2)に懐疑的であり、逆にチベット民族には遠心力による《独立心》の方が強かったのではないかと見る。(3)本節では一八世紀半ばから第二次世界大戦終了時までのチベットの歴史を振り返り、先程の二項目を深める中で、今日まで繋がるチベット問題を考察したい。

二、チベット「独立」前史

チベット族はヒマラヤ山脈と崑崙山脈に囲まれた、チベット高原を歴史的に衛（中央チベット）、蔵（西チベット）、西康（カム）、青海（アムド）の四地域に分け《大チベット》としていたが、以下前二者を併せた行政上のチベット、つまりチベット本部を中心に考えたい。

一八世紀半ばチベットは清朝の保護国といえる藩部となり、正副二名の駐蔵大臣が首都ラサに常駐することになったが、実質的にはダライ・ラマと、ダライ・ラマに次ぐ地位にいるパンチェン・ラマ両者による共同統治という形が続けられていた[4]。北京から遠いということもあって理藩院の下での緩やかな支配が行われていたのである。その後一八世紀後半になるとイギリス帝国主義勢力がインドから経済的進出を図り、英清間で交渉の結果一八世紀末にはチベット貿易が一旦認められたが、同世紀末のネパールのグルカ族のチベット侵入事件[5]で清朝により禁止されてしまう。

一九世紀に入りイギリスはチベットに対し消極策を採る一方で、ネパールの東側にあるネパール系ラマ教徒の小国シッキムを租借地取得などを通してネパールから分離し、一八八七年のチベット軍のシッキム侵入後積極策に出てチベット軍を破った。その結果清朝との間に一八九〇年三月と一八九三年十二月の二回のシッキム条約を締結しシッキムを完全に保護国化し、またチベット貿易を清朝に認めさせ、イギリス人のチベットにおける治外法権も得た。[6]チベットのインドとの国境付近のヤトンでチベット、インド間の貿易が行われることになったが、チベットは条約の承認を拒否して取引を妨害し、清朝官吏もこれを取り締まらなかったので、イギリスは態度を硬化させた。

チベット側の強硬態度の裏側には、北方からの帝政ロシアの影響があったのである。一八九五年から親政を始めたダライ・ラマ一三世の側近にモンゴル系ブリヤート族出身のラマであるドルジェフがおり、彼に親露政策を勧められたダライ・ラマは一九〇一年ロシアと親善関係を確立した。この後ロシア人がラサなどに入り官吏となったという。[7]

イギリスは宿敵であるロシアが一九世紀末に東トルキスタンとパミールの一部を併合しラサまで進出してきたので、《インド防衛》という点で危機感を抱き、ロシアの了解を得て、一九〇三年六月フランシス・ヤングハズバンド大佐率いる遠征軍をチベットに派遣した。ヤトン部のカンバゾンで会談が開かれる予定であったが、清朝とチベット側は拒否したので、同年十一月イギリス遠征軍三〇〇〇余りは貧弱な武器しか持たないチベット軍と衝突しながら進軍し、一九〇四年八月ラサに入った。ダライ・ラマはドルジェフ等と共に青海を経て清朝の藩部外モンゴルの首都クーロン（現ウランバートル）に逃亡してしまった。

九月ヤングハズバンドは駐蔵大臣ではなくてパンチェン・ラマ九世、チベット族の大臣、活仏等と交渉しラサ条約を強要して承認させた。イギリス側に一方的に有利な不平等条約であり、内容は、シッキム条約を承認すること、チベットが賠償金五〇万ポンドを支払うこと、鉄道、電信、道路、鉱山などの利権を外国に許与しないこと、第三国の代表者、代理人をチベットに入れないこと、ヤトンなどでイギリス人は自由に取引できること、などである(8)。イギリスはチベットを敗戦した《国家》と見なして、それに対する保護権を設定しようとしたのである。

清朝は宗主権を無視する条約故ラサ条約に抗議したが、イギリスの態度は強硬で、一九〇六年四月北京での英清間のラサ追加条約で清朝は宗主権は一応回復させたものの、ラサ条約の内容の大部分を守る義務を負わされさらにイギリスに、インドからチベットの取引地への電線架設権をも認めさせられたのである(9)。

一方ロシアは日露戦争直後であり、イギリスに対抗する力を持たず、同国との国際関係調整を狙って一九〇七年八月英露協商を締結した。チベットに関してはイギリス、ロシアはチベットに対する清朝の宗主権を尊重し内政に干渉しないこと、両国はラサに代表を送らず、チベット内での鉄道、電信などの利権獲得も行わないこと、などが決められたが、イギリス側から見ればラサ条約と比較して後退しているといえる。だがイギリスは《インド防衛》という政策上、チベットに他の帝国主義勢力が入らなければ満足できたのである(10)。

外モンゴルに逃亡したダライ・ラマはロシアに援助を求めたが果たせず、一九〇八年九月北京に到着したが、実権掌握者西太后等に歓待されなかったので一九〇九年十二月ラサに帰った。

だが当時清朝はチベットに対する宗主権の完全な回復を図って、一九〇八年秋、川滇辺務大臣兼駐蔵大臣に任命した四川省出身の趙爾豊にチベットの軍事占領を行わせており、彼は反抗するチベット族を虐殺し一九一〇年二月中央直轄の西康省の新設を計画しラサに近付いたのである。ダライ・ラマは清朝の工作阻止を行おうとして失敗し同月インドに逃亡し、ベンガル州北部のダージリンに到着してイギリスの援助を要請した。清朝は清軍がラサに入った後ダライ・ラマの一切の位階と官職を剥奪しパンチェン・ラマを代理としたという[11]。かつてイギリスに留学したこともあるダライ・ラマとチベットへの一層の進出を狙うイギリスとの関係は以後親密になる。

三、チベット「独立」

一九一一年十月辛亥革命が勃発し、中国本部が混乱しているのに乗じてダライ・ラマは一九一二年六月インドを出発し同年九月ラサに帰った。一方、一九一一年十一月チベット占領の旧清軍が給与未払いのため反乱を起したが、チベット族によりチベット外に追放されている。ダライ・ラマは一九一二年九月駐蔵大臣聯予も追放し、チベット内に漢族が一人もいなくなった時点で、チベットの完全独立を宣言した[12]。

ダライ・ラマはラサに帰る前の同年七月積極策に出てチベット軍を西康地区に進ませ、《大チベット》領有を企図し[13]、同軍は四川省境まで迫ったが、同月西康中部の巴塘付近で四川・雲南両省の都督率いる中国連合軍に敗れたためチベット軍はチベット領内に撤退した。中国軍にはさらにチベット進出の計画があったが、イギリス公使ジョーン・ジョルダンの抗議により中止になった。

同年八月イギリスの同公使は袁世凱の中国北京政府に、中国はチベットの内政に干渉しないこと、中国は駐蔵代表者の護衛隊以外にその軍隊をチベットに入れることができないこと、中国がこれらの項目を承認しなければイギリスは民国政府を承認しないなどの五カ条の強硬な要求を提出した[14]。臨時大総統袁世凱は一九一二年三月にチベットは中国の一部であるとするなどの臨時約法を出していたが、善後借款をイギリスなどの列強と交渉していたという事情もあり、譲歩して同年十月征蔵司令を川辺鎮撫使とし、チベット遠征軍を撤退させ、ダライ・ラマの位階を回復し、イギリスとの間のチベット問題についての交渉に応じることにした。

ダライ・ラマは勢いに乗って、独立後日の浅い、活仏を「皇帝」に戴く外モンゴルと同年十二月蒙蔵条約を結び親善と相互援助を約束している[15]。

一九一三年十一月イギリスが要求した会議が英領インドのパンジャーブ州北部のシムラで、イギリス、中国、チベットの三代表が集まって始まった。チベット代表の首相シャトラはチベット、つまりチベット本部と西康の完全独立を主張し、イギリス代表のインド政庁外務長官マクマホンもチベット側に立ってチベットの自治を主張したのに対し、中国代表で西蔵宣撫使の陳貽範はチベットの主権を認めず、反対に西康地区を直轄にしようとしたため、会議は決着がつかなかった。そして一九一四年二月になってイギリス代表は調停案一一条を出し、一九一三年十月に行った民国政府承認の取消をもって中国代表を威嚇した。内容は、境界について西康地区を、中央を南北に流れる揚子江上流の金沙江で東西に分け東部は中国の完全支配下に置かれる内蔵とし、以西つまりチベット本部と西康西部はダライ・ラマが自治を行う外蔵とすること、イギリスはチベット領土を併合しないが商務委員とその衛隊は駐蔵させること、中国は外蔵に軍隊や文武官員を派遣しないし、一方外蔵は中国の国会に代表を派遣しないこと、チベットは中国政府の批准を経てイギリスと通商条約を締結すること、チベットと英領インドとの境界と内蔵・外蔵の境界は付図による、などというものである。[16] 最後の項目のチベットと東北インドとの境界が、現在に至るまで中印間の紛争の根源となっている、マクマホン・ラインである。後一九二九年に中国人はこの調停案を「英国ハ先ツ中国ヨリ西蔵ノ外交権ヲ奪去リ中国ト同等ノ地位ニ於テ西蔵ヲ共管シ以テ従来ノ中蔵関係ヲ破棄シ除々其ノ勢力ヲ扶殖シ西蔵ヲ兼併セントスルモノナリ[17]」と批判している。

イギリスの強硬態度に押された中国代表は条約草案となった調停案に同年四月に仮署名しイギリスとチベットも同時に仮署名したものの、中国北京政府が批准を拒否したため会議は決裂した。同年七月イギリスとチベットは正式署名し、英蔵間のシムラ条約が両国を拘束すると宣言したが、イギリス・中国・チベット三者の正式署名による《正式》条約でない故、中国は勿論のこと、イギリスとチベットを拘束してはいないのである。その頃ヨーロッパで第一次世界大戦が勃発し、イギリスも八月に参戦して中国に対処する余裕はあまりなくなり、中国も結局正式に署名しなかったため、シムラ条約は不成立のままに終わったのである。(18)

一方大戦中においてもチベット軍の西康地区に対する軍事行動は続けられ、一九一七年秋西康地区西部の昌都で西康地区を統轄する川辺鎮守使である陳遐齢の軍と衝突しチベット軍が勝ったが、イギリスの副領事エリック・ティーチマンが両者の調停に出て、一九一八年九月昌都で中蔵間に一三条の停戦条約が締結され、戦火は一旦鎮まった。

以後もチベット軍はしばしば西康地区に侵入したが、川辺鎮守使は防ぎきれず、しかも当時隣の四川省では軍閥劉文輝や熊克武等が混戦を続けており、後援の望みがない故省境駐屯軍は自衛に留まっていたという。(19) その結果軍事面でもチベットは自立の状態を続けることができた。

第一次世界大戦終結直後の一九一九年八月イギリスのジョルダン公使はまたも中国北京政府に対し、チベット問題についての二種の調停案を提示した。内蔵・外蔵の別を廃し、西康地区を金沙江で東西に分け、以東を中国領、以西つまりチベット本部と西康地区西部をチベット領とするという案と、内蔵・外蔵の名称を残すが、金沙江以東を中国領とし、以西つまりチベット本部と西康地区西部を外蔵、青海玉樹地方を内蔵とし、内蔵・外蔵には中国官吏や中国軍隊は入れないという案である。(20) イギリスはシムラ会議決裂によって果たせなかったチベットへの一層の進出を再度狙ったわけだが、中国内で調停案に対する反対が起り、第一案に傾いていた北京政府も結局中国の南北分裂を理由に、イギリスとの交渉を打ち切った。

だが続いて、一九二〇年十一月イギリスはヤトンにいたイギリス弁務官チャールズ・ベルをチベット政府の招待を受ける形でラサに派遣した。これはダライ・ラマの「独立」宣言後チベットに入った初めての白人である。ベルは約一年間ラサに滞在し、ダライ・ラマ以下高官の信任厚く、イギリス・中国・チベット三者間の条約締結を目的としてイギリス、チベット両方の当局に献策した。[21] イギリスはベルの献策を入れ、一九二一年十月北京政府に再交渉を提議し、チベットを中国宗主権下の自治国とすることの承認を迫ったが、中国政府は、今度は軍縮問題討議を主要目的とする、中国も参加する、列強のワシントン会議開会直前であるということを理由にイギリスの提議に応じなかった。

それにもかかわらず一九二二年イギリスはダライ・ラマと「英蔵軍事援助協定」を締結して武器を供給し、インド・チベット間にイギリス政府の管理する電信線を架設し、さらにイギリス人を校長とする学校をラサの西南部にあるキャンツェに設立したという。[22] このようにしてイギリスとダライ・ラマとの関係は一層親密化し、ダライ・ラマはイギリスの傀儡に近くなり、[23] 一九二九年末には中国人が「西蔵各地ハ多ク英国官吏ノ施政下ニアリト伝ヘラルル」[24] と言うまでに至っている。

四、パンチェン・ラマとチベット

一方ダライ・ラマ一三世の地位強化につれて、パンチェン・ラマ九世の地位は相対的に弱まり、一九二三年にはダライ・ラマによって、居館であるラサの西部にあるシガツェのタルシンボ寺に、チベット政府の財政困窮という事情もあり巨額の税金を課されて圧迫され、ついに彼は一九二四年初めに北京に逃亡した。この時ダライ・ラマは再び独立宣言をしたという。(25) パンチェン・ラマは中国政府に頼ってチベットへの復帰を志したが、当時中国は南北分裂期であり、北伐前は北京政府の庇護の下にあった。一九二八年七月北伐が完成するとパンチェン・ラマは南京の国民政府下に入り、一九二九年一月に国民政府の行政院内に設けられた蒙蔵委員会の委員に任命され、西康、青海を除いた地域にチベットを認める《小チベット主義》を採るようになり、チベットの中国からの分離に反対し、一九三二年十二月には西陲宣化使に任じられて内モンゴル各地を巡錫して教化に努めたという。(26)

それに対し、中国東北地方確保のため一九三一年九月に満州事変を起した日本の軍部は内モンゴルと外モンゴルの支配を目論み、パンチェン・ラマをその道具として使おうとし、日本に招待したが、彼はその誘いに乗らなかった。(27)

一九三三年十二月、ダライ・ラマ一三世が死去すると、後援していたイギリスはある程度打撃を受けたのに対し国民政府はチベット問題解決の好機と考え、ダライ・ラマの祭祀専使として蒙蔵委員会委員長で陸軍参謀次長の黄慕松を一九三四年四月ラサに派遣した。彼は同年九月ラサに到着し、祭祀を行い、ダライ・ラマに追封し、同時にラサに国民政府の対チベット政策に基づいて蒙蔵委員会チベット弁事処を設置した[28]。また彼はチベット政府にパンチェン・ラマがシガツェに帰ることを承認させたので、一九三四年一月国民政府中央委員に任命されたパンチェン・ラマも同年九月青海省に至ったが、イギリスの妨害もあり、入蔵できなかった[29]。

一九三六年一月、青海省の西寧近郊にいた時「……帰蔵後、西蔵の軍事・教育・内政をみな内地にならって改進したい。……自分は西蔵を内地と分離させることは全然不賛成である[30]」と述べていたパンチェン・ラマ九世も結局一九三七年十二月青海省玉樹地方で死去してしまった。

五、一九三〇年代のチベット

一九二六年七月北伐が開始され、帝国主義反対の気運が中国全域に漲ると、ダライ・ラマはチベット族人民の反抗を恐れてキャンツェのイギリス人経営の学校を閉鎖し、イギリスが行っていたヤトン北部のパリからキャンツェまでの自動車道路の建設を禁止した[31]。また一九二九年にはイギリスはキャンツェからツガツェまでの英蔵鉄道を建設しようとしたが、中国内で反対が起ったので工事を中止したという。[32]

一方で一九二七年春チベット軍は西康地区に侵入し中部の巴塘を攻撃し、一九二九年末になると中国人が「西康ノ大半ハ蔵兵ノ勢力下ニアルモノノ如シ[33]」と言うまでになった。

さらに一九三〇年になると、西康省北東部の甘孜の大金寺事件の結果チベット軍二五〇〇がイギリスの武器援助の下に西康省に侵入したが[34]、中国軍に敗れたので、ダライ・ラマは全チベットに徴兵令を出して再挙を図ろうとした。ところが、チベット政府内の新中国派のパンチェン・ラマ支持派が反対したため、ダライ・ラマは一時ラサを出奔し、屈服して主戦派を駆逐して信用を回復し一九三二年十月西康省の徳格県知事と、金沙江を両者の境とするという岡施条約を締結して休戦した。[35]

またダライ・ラマは一九二七年と一九三〇年の二回、蔣介石から手紙を受け取ったので、一九三〇年国民政府の代表とラサで会談した後、南京にコンジチニ等二人の代表を派遣して南京駐在のチベット政府弁事処を一応設けた。チベットに漢族が入ったのはダライ・ラマの一九一二年の「独立」宣言以後初めてである。だがダライ・ラマが南京に弁事処を置いて「チベットが中国の領土であり、中国の一構成部であることをみとめた[36]」という論は言い過ぎであろう。なぜならば独立政府の事務所が他国の首都に開設されたに過ぎないからである。ダライ・ラマの意図もそれであった。この年一月、ダライ・ラマはまた「独立宣言」をしたという。[37]

一九三一年九月満州事変が勃発し、中国国民政府が辺境を顧みる暇がなくなると、チベット政府の独立性はさらに強まった。ただしこの《独立》は法的なそれではなく、中国中央政府の権威が及ばないことによる《実質的半独立状態》を意味していたといえる(38)。

一九三二年三月チベット軍は青海省玉樹地方にも侵入したが、数回の戦闘の後チベット軍は敗北し一九三三年七月チベット政府は同省政府委員の回族軍閥馬歩芳と相互不侵略協定を結んでいる(39)。この年に四度目の「独立宣言」説が出ている(40)。

だが一九三三年十二月そのダライ・ラマもラサの居館であるポタラ宮で死去した。一九三四年二月活仏の一人であり、イギリス留学生出身のトウデン・フトクトがチベット族僧俗官民の名において摂政に選ばれ、新しいダライ・ラマが即位するまでの政務を執ることになり中国国民政府にも連絡したが、前述したように中国国民政府は一九三四年黄慕松をラサに派遣し、ダライ・ラマの祭祀を盛大に行い、蒙蔵委員会チベット弁事処を設置したのである。

トウデンも親英派であるため、独立志向のダライ・ラマ一三世の支配期と同様中国国民政府に敵対した。彼は同年パンチェン・ラマの帰蔵を一応は認めたが、パンチェン・ラマは一九三七年十二月青海省で死去してしまうのである。

国民政府は一九三一年六月の訓政時期約法で中華民国の領域中にチベットを加えており(41)、またラサに弁事処を設置したものの、一九三五年頃は「西蔵境域の郵便、電信、林鉱、金融、交通、軍事、警察等はすべて英人の操縦に委ねられてゐ(42)」たというのであるから、チベット実質支配を回復するのは至難の業であった。

しかも当時キャンツェにはイギリスの機械化部隊一個中隊が駐屯していた[43]。ただし、一九三〇年代半ばにはラサに進歩的青年層によって反帝国主義を掲げる「国民党」が結成されたという[44]。

一九三六年、イギリスはチベット政府の要求もあり常設政治代表部をラサに設立し、初代の政治代表にヒュー・リチャードソンを任命し、ラサにイギリス人を局長とする無線電信局を開設した[45]。ラサと南京との通信はインド経由で行われたという[46]。政治代表はチベット政府の顧問となり、イギリスがチベットに張った根は益々強固になっていくのである。

一九三五年五月青海省中部のドクハムで貧農のチベット族の子として生まれたテンギン・ギャムツォが一九三八年冬、新しいダライ・ラマになるべき霊童として探しあてられ、一九三九年六月家族と共にラサに送られ、彼は九月にラサに到着した。一九四〇年二月、ポタラ宮でダライ・ラマ一四世の即位の典礼が行われた。典礼には中国国民政府代表として蒙蔵委員会委員長の呉忠信が参加し、またイギリス代表やネパール代表も参加している[47]。また国民政府はラサ駐在国民政府弁事処長として陳錫璜を常駐させることになった。弁事処長は一九四三年には沈崇廉に代わっている。

六、一九四〇年代前半のチベット

一九四一年十二月太平洋戦争が勃発し日本がビルマ・ルートを封鎖したため、連合国側はチベットを通る援蔣ルートの建設を計画したが、チベット政府は一九四二年七月拒否して《中立》を保った[48]。

一九四一年摂政のトウデン・フトクトが、イギリスが製造したともいわれる《反乱を企図した》というデマによって失脚させられ、同じ新英派のトトラ・ヨンジン・リンポチェが摂政になった[49]。

以後トトラを首とするチベット政府は一層独立色が強まり、イギリス政治代表リチャードソンの支援の下に一九四三年夏に「外務局」を設立し、以後ラサ駐在の各国代表とチベット政府との交渉は全て同局を通すことを各代表に通知した。つまりその目的は中国国民政府のラサ駐在の代表をイギリスやネパール等の外国代表と同列に置き、チベットが「国家」であることを表示することにあったのである。だが国民政府に反対され、「外務局」はあまり機能しなかった[50]。これ故チベットは当時《独立国家》までは至っていなかったことがわかる。

一方、同年八月イギリス外相アンソニー・イーデンは中国国民政府外交部長宋子文に、中国がチベットに自治を認めるとの了解を前提としてのみ、これに対する中国の宗主権を認める用意があるという文書を送っている。[51] つまりイギリスは清末以来一貫して中国の、チベットに対する完全支配を意味する《主権》を認めていなかったのである。

まとめれば、近代のチベットにおいてラマ農奴主等の支配階級は、「大チベット国」建設を企図するイギリス[52]の後援下でパンチェン・ラマ支持派を除いて独立意識がかなり強固だった、といえるのである。

七、チベット社会

チベット近代の社会は典型的な封建農奴制の《中世》的社会であった。ダライ・ラマを頂点とする、人口の五パーセントを占めるに過ぎない支配階級である三大領主がチベットのすべての土地と人口の九五パーセントを占める被支配階級である農奴・奴隷を占有支配していた。[53] 三大領主とはチベット政府・ラマ寺院・貴族であり、全地区の政治権力を掌握し、土地とヤク、馬、羊、牛などの家畜を大部分私有していた。[54] ダライ・ラマ一四世もチベットに封建制が存在していたことを認めている。[55]

ダライ・ラマは俗官による政府カシャと、僧官による宗教支配機構カンプ倉と、貴族（荘園主）集団によるチベット軍[56]の三位一体の頂点に位置する絶対権力者であり、最高の農奴主であって、五十余カ所の荘園と六〇〇〇人の農奴を所有し、彼の母も数千人の奴隷を使用していた(57)。

カシャ政府下の末端の行政単位である中国の県に相当する宗には、僧俗各一人から成る宗長以外に、イギリス人官吏がいたのである。ただし官吏が徴収した地租税や牛羊税などの賦税はチベット政府に納められたのであって、インドに送られたわけではない。

一方農奴にも差巴《ツァイバ》・堆窮《ドイチュン》・朗生《ランソン》の三階級があった。差巴は貴族の私有地である荘園内に住むわずかな土地持ちの農民で、小作地から七〜八割の現物地代を取られ、領主の自営地も耕作させられ、またチベット政府によって烏拉《ウラ》という無償の食糧運搬などの強制労働も課せられていた。堆窮は荘園を逃亡した差巴や、ラマ寺院から逃亡したラマであり、自分の土地を持たない。朗生は家奴であり、人身の自由が全くなく、差巴や堆窮からさらに一段落ちた者である。狭義の奴隷であろう。三者共農奴主の私有財産であるから、彼の意のままに売買、交換、抵当、贈与されたという(58)。

三大領主は勝手に奴隷を殺してもかまわなかった故、拷問が日常茶飯事で、ダライ・ラマが被支配階級の子供の頭蓋骨で作った碗を愛用したり、ラマ寺院建設に子供が人柱として使われたり、刑罰で人間の皮を剥ぎ取ったりしたこともあったという(59)。正にチベット族人民は牛馬に劣る生活を強いられ、《地獄》が厳然として存在していたのである(60)。

一九二八年、南チベットで搾取に堪えかねた農奴による大規模な蜂起があり、広大な地区を解放したが、鎮圧されたという。[61]
教育について見れば、政教合一の封建農奴制の中で、農奴奴隷のチベット族人民は口のきける道具として扱われ、文盲は九〇パーセント以上だった。学校は、ラサに僧官学校と俗官学校各々一校ずつと若干の私立学校しかなく、農奴の子弟は入学できなかったし、[62]イギリス人が一九二二〜二六年の間経営したキャンツェの学校もチベット族領主の子弟のみが入学したに過ぎない。

また経済について見れば、工業は発展の道を閉ざされ、ネジ釘一本も作れず、若干存在した手工業者は三大領主の奴隷であった。農業も基礎が弱く作物の種類も青稞、小麦など単純で生産量も少なかったし、中心産業である牧畜業も不安定な遊牧の故家畜数が漸減していた。[63]

まとめれば、近代のチベットの社会は教権支配化の封建制が存在し、その上に《大チベット》民族主義とイギリス帝国主義の支配があるという、半植民地の封建制のそれであった、といえるのである。

八、おわりに

以上の様に本節はチベットが一八世紀の半ばに清朝の藩部となってから、辛亥革命直後の独立宣言を経て、イギリスと結びついての半独立のまま第二次世界大戦終了を迎えるまでの、その歴史をチベット本部を中心に述べてきた。

ダライ・ラマ一三世と以後の二人の摂政、トウデンとトトラは独立志向だが、パンチェン・ラマ九世は中国中央志向だったことと、清朝↓中国北京政府↓中国国民政府は一貫してチベットを中国の一部と見なしその独立に反対していたことが明確になったと思われる。

チベット族の支配階級の大多数はイギリスの後援下で独立意識を持っていたのに対し、一方の被支配階級は領主に抑圧され、人間以下の生活を強いられており、《独立》や《親中国》という考えを持つことができる状態ではなかったといえる。(64)

チベットの真の主人公である農奴・奴隷の《チベットの独立》に対する意識が不明故、断定は避けたいが、まとめとして近代のチベットにおいてダライ・ラマを中心に《中国からの分離意識》が強く、また外からはイギリスが、同地域の支配階級と結びついて進出し、チベットが中国から分離するという危機が迫っていたが、第二次世界大戦後中国人民解放軍の《大チベット》全域の占領によって分裂は回避され、チベットが中国の完全支配下に入った、ということがいえるのである。日中戦争終了後のチベット問題は後日を期す、ということで本節を終えたい。

注

（1）一四世紀末にラマ教を改革したアムド（現青海省）の西寧出身の僧ツォンカパの、高弟の一人ゲドゥン・トゥバを初代とする、チベットの政教両権を掌握している最高活仏の尊称であり、死後代々化身として転生すると考えられており、ラサのポタラ宮を居館としている。ダライは「海」または「偉大な」を意味するモンゴル語であり、三世が一六世紀末に内モンゴルのオルドス方面を廻った時タタール部のモンゴル族支配者アルタン・ハンから贈られた尊称である。入江啓四郎前掲書一七三頁参照。

（2）牙含章『西蔵歴史的新篇章』（一九七九年　成都　四川民族出版社）に「チベット人民は長期来中国の各族人民、特に漢族人民と親密な兄弟関係を結成し、祖国の大家庭の一成員だった。チベット地方は長期来中国の版図であり、中国領土の不可分の一構成部分であった。これは何人といえども否認することのできない事実である」（二八頁）とある。

（3）ダライ・ラマ一四世前掲邦訳でダライ・ラマ一四世は「チベットが中国の一部であった、という中国側の主張には、なんらの歴史的根拠がない。一九一二年から、運命の年、一九五〇年にいたるまで、チベットは、他のどんな独立国とも同じように、事実上の完全独立を楽しんでいた。そして、わが国の法的地位は、今もなおまさしく、一九一二年にそうであったと全く同じである」（九二頁）と述べている。

（4）チベットでダライ・ラマに次ぐ地位にいる活仏でツガツェのタルシンポ寺を居館としており、ツォンカパの高弟の一人ケールブの系統の転生ラマである。パンチェンはサンスクリットとチベット語の合成で、「学僧」を意味し、四世が一七世紀初にダライ・ラマ五世の師となった功により彼から贈られた尊称である。ダライ・ラマとパンチェン・ラマ両者間に宗派的対立はなく、前者がラサを中心とするチベットの大部分、後者がシガツェを中心とする西チベットの一部という管轄地域の差があるに過ぎなかったが、辛亥革命以後前者が《大チベット主義》、後者が《小チベット主義》を主張する様になって思想的対立が生じたのである。入江啓四郎前掲書一七三頁、四四八頁参照。

（5）当時全ネパールの新たな支配者となったグルカ族はインドの諸族の中で最も好戦的といわれたが、チベット・インド間の通商開始に功があったパンチェン・ラマ六世が一七八〇年北京で客死し、その遺産の分配をめぐっての六世の兄弟ラマの争いにグルカ族が介入したのである。清軍はグルカ族に大勝するが、彼等の侵入をイギリスの使嗾によると見なした清朝は貿易を禁止したのである。入江啓四郎前掲書四八〇～四八二頁参照。

（6）外務省記録前掲「西蔵事情報告ノ件」による。島田政雄『チベット　その歴史と現代』（一九七八年三省堂）六二頁、入江啓四郎前掲書四九三～五〇〇頁参照。

（7）入江啓四郎前掲書五一〇頁。

（8）外務省記録前掲「西蔵事情報告ノ件」、入江啓四郎前掲書五二三～五三一頁、島田政雄前掲書六二～六四頁。

（9）外務省記録前掲「西蔵事情報告ノ件」による。

（10）入江啓四郎前掲書五四六～五五一頁。

（11）外務省記録前掲「西蔵事情報告ノ件」による。

（12）同右、ダライ・ラマ一四世前掲邦訳八九～九〇頁、入江啓四郎前掲書五八〇～五八一頁、謝彬『西蔵問題』（一九三〇年　上海　商務印書館）六七頁。

（13）本書第二章第一節注（4）参照。

（14）外務省記録前掲「西蔵事情報告ノ件」による。
（15）外務省記録『西蔵・二巻』の守島「支那辺疆ノ研究（西蔵ノ部、其ノ一）」に一九一二年「一二月二九日庫倫ニ於テ調印サレタ外蒙古、西蔵間ノ条約ニ於テ両国ハ清廷ノ羈絆ヲ脱シ支那ト分離シ各自独立国家ヲ組織セルコトヲ相互ニ認識シ且協力シテ仏教ノ繁栄ヲ計リ危急ノ際ニハ援助ヲ与フヘキコトヲ約シタ」（一九二六年六月二十五日）とある。以下「支那辺疆ノ研究」と略す。他に入江啓四郎前掲書二八〇〜二八二頁参照。因にこの時のチベット側代表はドルジェフであったという。
（16）外務省記録前掲「西蔵事情報告ノ件」、ダライ・ラマ一四世前掲邦訳二六五〜二六六頁、華企雲『西蔵問題』（一九三三年　上海　大東書局）二一七〜二三〇頁。
（17）外務省記録前掲「西蔵事情報告ノ件」による。葛之茎のことである。
（18）入江啓四郎前掲書五八三〜五九三頁。
（19）外務省記録前掲「西蔵事情報告ノ件」による。
（20）同右、華企雲前掲書二三四〜二三五頁。
（21）入江啓四郎前掲書五九八頁。
（22）H. E. Richardson, *Tibet and its History* (London 1962) pp. 123–124.
（23）外務省記録『西蔵・一巻』の「公第二五一号」の有吉在中華民国特命全権公使から内田外相宛電信の「前『ネパール』専使張銘ノ『西蔵ノ大勢及其ノ現状』ニ関スル談話報告ノ件」に「……達頼喇嘛亦真ニ心ヨリ野心家ノ傀儡タルヲ欲スル訳ニハアラサルモ某国ノ勢力ヲ利用シテ以テ個人ノ力量ヲ培植セントスル野心アリ……」（一九三三年七月十日）とある。「野心家」、「某国」とはイギリスのことである。以下「前『ネパール』専使張銘ノ『西蔵ノ大勢及其ノ現状』ニ関スル談話報告ノ件」と略す。また同『青海』の「第三七八号」の広田在モスクワ大使から斎藤外相宛電信のモスクワの『プラウダ』一九三二年六月二十日号所載の「日本ハ満洲ニ於テ、英国ハ西蔵ニ於テ」に「……達頼喇嘛ハ英国ノ傀儡ニシテ英国ハ其大西蔵案ヲ支持シ支那ノ西部地方殊ニ蘇聯邦ト直接境ヲ接スル新疆ニ其勢力ヲ拡充セントスルモノナリ……」とある。

(24) 外務省記録前掲「西蔵事情報告ノ件」による。

(25) 善隣協会調査部前掲書二二七頁。

(26) 外務省記録前掲「前『ネパール』専使張銘ノ『西蔵ノ大勢及其ノ現状』ニ関スル談話報告ノ件」による。

(27) Owen Lattimore, *Nomads And Commissars—Mongolia Revisited*（Oxford University Press 1962　邦訳磯野富士子『モンゴル――遊牧民と人民委員――』一九六六年　岩波書店）一四四～一四五頁。

(28) 外務省記録『西蔵・二巻』の陳健夫「民国以来ノ中蔵関係」に「……一方国民政府ニ於テハ黄慕松派遣ノ決定ト同時ニ大様次ノ如キ対西蔵政策ヲ決定シタ(イ)孫総理ノ遺嘱ニ依リ共存共栄、国内平等ヲ原則トシ外交国防及通商等ハ中央ニ於テ処理シ其ノ他政務ニ関スル一切ノ事項ハ西蔵政府ヲシテ之ヲ行ハシム(ロ)同地ニ自治政府ヲ設ケ支那ノ駐蔵弁事処ヲ復活スルコト……」とある。以下「民国以来ノ中蔵関係」と略す。他に子元「西蔵地方与祖国的歴史関係」（『民族研究』一九五九年四月号　北京）六頁、善隣協会調査部前掲書二三三～二三五頁。

(29) 島田政雄前掲書六八頁、善隣協会調査部前掲書二三三頁。

(30) 長江前掲邦訳一八四頁。

(31) H. E. Richardson, *op. cit.*, pp. 130–131.

(32) 外務省記録『西蔵・一巻』の「公第三三八号」の矢野在支那日本公使館一等書記官から幣原外相宛電信の「『ネパール』ノ西蔵侵入ニ関スル件」（一九三〇年四月十日）による。因に同電信は北平の

（33）外務省記録前掲「西蔵事情報告ノ件」による。『益世報』一九三〇年四月三・四日号所載の「『ネパール』ノ侵犯ト中央蒙蔵会」の邦訳文である。
（34）外務省記録『西蔵・二巻』の「辺聞電訊社九日附玉樹至急通信」の「北平晨報仮訳」に「……即チ西蔵軍ノ青海西康ヘノ進入ハ之ニ要スル武器弾薬兵糧ノ供給ヲ為スハ勿論、背後ノ作戦計画ノ指揮モ英人ノ之カ指導ニ参与セサルハ無ク、……坐シテ漁夫ノ利ヲ占メントシ居レルナリ、然ルニ達頼ハ之ヲ察セスシテ反ツテ使嗾サレシナリ……」（一九三三年三月三十一日）とある。
（35）外務省記録前掲「民国以来ノ中蔵関係」によれば、西康省甘孜付近の大金寺はダライ・ラマ一三世を支持するラマの寺院であったが、そのラマが一九三〇年になって土地問題で支配者である土司と対立し、チベット軍に援助を求め、同軍が西康省の川辺辺防軍である劉文輝軍と同年八月に衝突して、事件となったという。
（36）島田政雄前掲書六七頁。
（37）外務省記録『西蔵・一巻』の「関機高収第六二三号ノ二」の関東庁警務局長から外務次官他宛電信の「西蔵ノ独立運動説」に「……北平蒙蔵院ノ通報ニ依レハ目下西蔵前蔵主達頼喇嘛ハ独立ヲ宣言シ英国ノ援助ヲ受クヘク後蔵一切ノ政権ヲ英国ヘ譲渡スヘキ契約既ニ成立シ……」（一九三〇年一月十五日）とある。
（38）外務省記録『西蔵・二巻』の外務省亜細亜局第一課調の「西蔵支那両軍交戦問題」に「……西蔵ノ『ステイタス』……支那ノ西蔵ニ対スル地位ハ宗主国ナリト謂フコトヲ得ヘシ」（一九三二年十月七日）とある。
（39）外務省記録前掲「民国以来ノ中蔵関係」、中田吉信前掲書一一八頁、ダライ・ラマ一四世前掲邦訳二六一頁。

（40）外務省記録『青海』の『東京朝日新聞』一九三三年六月五日号夕刊に「……支那側入電によればチベットのダライ・ラマ軍は某国の積極的支援の下に青海及び西康に対し侵入を開始すると共にチベットの独立を宣布した……」とある。「某国」とはイギリスのことである。
（41）入江啓四郎『中・印紛争と国際法』（一九六四年　成文堂）七〇頁。
（42）善隣協会調査部前掲書二三五頁。
（43）高木富五郎「西蔵・雲南に迫る英国の触手」（『外交時報』一九三六年八月十五日号　外交時報社）一六一頁。
（44）「三巴の西康政情」（『善隣協会調査月報』一九三七年四月号　善隣協会）に「拉薩の青年達は国民党を結成し、世界の国民の間に伍して行き度いと願ってゐる。……打倒さるべき帝国主義その他の邪悪も西蔵の教権政治には未知である」（六八頁）とある。因に同文は「N・C・D・N」一九三七年三月七日号所載の西康省のチベット人筆の文の邦訳文である。
（45）H. E. Richardson, *op. cit.*, p. 145.
（46）外務省記録『西蔵・一巻』の「機密公第一二八号」の有吉在中華民国特命全権公使から広田外相宛電信の「西蔵事情ニ関スル件」（一九三五年二月二十日）による。因に同電信は南京の『チャイナ・プレス』一九三五年二月十六日号所載の中国国民政府外交部顧問ジェファーソン・D・H・ラム（林東海）の言の邦訳文である。以下「西蔵事情ニ関スル件」と略す。
（47）子元前掲論文六頁、島田政雄前掲書七〇頁、ダライ・ラマ一四世前掲邦訳三六～四一頁、二六一～二六二頁。因に中国側は国民政府主催下の即位式と見、チベット側はチベット政府主権下の即位式と見ているが、私は内容から見て後者を採りたい。
（48）ダライ・ラマ一四世前掲邦訳九一頁、入江啓四郎前掲書『中・印紛争と国際法』七一頁註(6)。

(49) 子元前掲論文七頁、島田政雄前掲書七〇頁。

(50) 子元前掲論文七頁。

(51) 入江啓四郎前掲書『中・印紛争と国際法』七〇頁。

(52) 善隣協会調査部前掲書に「……『大西蔵国』といふのは単なる西蔵領域のみを指すのでなく、即ち西蔵を中心として北は新疆南部……青海西康、四川西部、西北雲南の一部を連ねる広大なる領域に亘るもので、支那の西半部の領土を包括するものである」（三四七頁）とある。

(53) 外務省記録前掲「支那辺疆ノ研究」によれば、一九二六年時で《大チベット》の人口は約三〇〇万人で、チベット本部の人口は約一五〇万人であるという。また同「西蔵事情ニ関スル件」に「……西蔵人ノ生活ハ極メテ原始的ニシテ階級制度支配的勢力ヲ有シ衣服ニ依リ階級別定メラレ居レリ……」とある。

(54) 向陽「西蔵地方政府的反動本質」（『民族研究』一九五九年四月号）、島田政雄前掲書八九～九〇頁。

(55) ダライ・ラマ一四世前掲邦訳に「僧院の外においては、わたくしたちの社会制度は封建的であった。そこには富の不平等があった。すなわち一方の極には地主貴族があり、他方の極には最も貧困な百姓たちがいた。貴族階級に向上してゆくということは困難であった」（六九頁）とある。

(56) 外務省記録前掲「西蔵事情ニ関スル件」に「……西蔵ニハ約五〇〇〇ノ軍隊アル処之等ハ英国ノ軍人ニ依リ訓練セラレタルモノニシテ又政府ハ目下之ヲ一五〇〇〇ニ増加スヘク計画中ナリ」とある。

(57) 島田政雄前掲書九二～九三頁、『人民中国』記者「主人公になったかつての農奴」（『人民中国』一九七五年八月号　北京　人民中国雑誌社）一八～二一頁。

(58) 譚新之編『中国少数民族新貌』（一九七六年　香港　上海書局）九四～九五頁、島田政雄前掲書九三頁。

（59）『人民中国』記者前掲論文二〇頁、島田政雄前掲書八九〜九〇頁。

（60）外務省記録『西蔵・一巻』の「外発秘第一七七二号」の湯沢兵庫県知事から広田外相宛電信の「西蔵視察情報入手ニ関スル件」に「……平民階級ニ至ツテハ……終日牛馬ノ如ク労働シテ与ヘラレルモノハ一碗ノ飯一夜ノ睡眠ニスギナイ、今西蔵ノ一般平民ノ情況ヲ視ルニ何等之ト異ナル所ガナイ……西蔵人ハ封建社会制度ノ上ニアツテ自由ナル事能ハズ物資ノ供給又欠乏ヲツゲルガ故ニ少数貴族富商以外《（ママ）》皆テ困窮シ就中一般僧侶農民及牧人ハ特ニ甚シイ」（一九三五年六月十日）とある。因に同電信は一九三四年、ダライ・ラマ一三世の祭祀事使としてチベットに派遣された黄慕松に随行した林東海の、西蔵視察情報である『西蔵三ケ月ノ見聞記』の邦訳文である。以下「西蔵視察情報入手ニ関スル件」と略す。

（61）島田政雄前掲書六六〜六七頁。

（62）同右一七九〜一八一頁。他に、外務省記録前掲「西蔵事情報告ノ件」に「……西蔵ニハ未タ近代式学校ノ設置ナク只喇嘛寺院ニ於テ経典ヲ教フルニ過キス」とある。

（63）島田政雄前掲書一四九頁、一六六頁、一七三頁。他に外務省記録前掲「西蔵視察情報入手ニ関スル件」参照。

（64）外務省記録前掲「西蔵軍ノ青海西康侵略ニ関スル件」に「……㈡格桑沢仁ノ九月二日附蒙蔵委員会宛電報……西蔵側ハ……伝単ヲ以テ『……大西蔵国ヲ建設スヘキナリ』トノ宣伝ヲナシ居レリ之皆帝国主義ノ背景ニ依頼スルモノナリ西蔵ノ住民ハ総テ之ニ賛成シ居ル訳ニ非サルモ政府ノ少数人ハ独立ヲ夢ミ野心勃々抑フ可カラサルモノアリ……」（一九三二年九月二十二日）とある。「格桑沢仁」はチベット族の蒙蔵委員会委員である。

第三章 ウイグル人

第一節

新疆のウイグル人

一、はじめに

近現代の中国辺境の少数民族の中で、新疆の少数民族は特異な歴史を歩んできた。辛亥革命後新疆は、楊増新↓金樹仁↓盛世才という三代の漢族官僚の下で中国中央と緩やかな結びつきを保っていたが、ウイグル族・カザフ族を中心とした少数民族は漢族に対する反感から「回教徒反乱」、「三区革命」という二大反乱を起した。二度の反乱で少数民族側が独立意識をどこまで明確に持っていたかは暫く置くとして、「回教徒反乱」においてはイギリスとソ連、「三区革命」においてはソ連の介入が公然化していたという国際環境の中で、新疆は第二次世界大戦後最終的には中国に統合されていく。

一方、外蒙古は清朝時代藩部という点で新疆と同じ位置にあったが、辛亥革命後独立宣言をし、ロシア↓ソ連の援助もあったとはいえ、一九二一年七月には完全独立して戦間期はアジア唯一の社会主義国家となり、第二次世界大戦後、それまで独立を認めていなかった中国国民政府にも承認された。

新疆と外蒙古は、非漢民族が大部分という民族の構成、中国中央との緩やかな関係、他国つまりロシア→ソ連からの援助という点で類似した関係にあったが、新疆は中国の一構成部分として留まり、外蒙古は独立国家となった。その差の由来する所は何か。介入国家つまりソビエト・ロシアの政策を重視する見方もあるが[1]、私は《民族の進路を決定するのは民族自身である》という点から言って、新疆が分離独立しなかったのは民族内部の問題による、と見たい。本章では、新疆における盛世才時代を中心として、戦間期の少数民族問題を考察していきたい。

二、楊増新、金樹仁時代

一八世紀中葉に清朝の支配下に入った新疆では、イスラム教徒の反乱が続発し、一九世紀後半にはイギリスと手を結んだウズベク族のヤクブ・ベクの反乱が起った。この反乱は左宗棠の率いる清軍に平定され、一八八二年に新疆に省制が施かれたが、小反乱は続き辛亥革命を迎える。

辛亥革命当時、新疆巡撫は袁大化であったが、雲南省出身の楊増新が新疆西部のアクスなどの道台を経て一九一二年省長兼督軍となり、新疆東部のハミのイスラム教徒反乱や哥老会の暴動などを鎮圧し、独裁政治を行った。楊増新は、一九二〇年にソビエト・ロシアと協定を締結し友好関係を樹立して貿易などを行い(2)、一方では地方行政制度を改革するなど(3)、一定の進歩的政策を採った。だが、他方では、新しい思想を新疆に流入させないなどの「愚民政策」を実行したため風気は閉塞し社会は殺伐とし(4)、また漢族がウイグル族と回族(5)との対立を煽ったりしたため、少数民族間の反目も深まった(6)。

楊増新は一九二八年七月中国国民政府の管轄下に入って省主席となったが、同月私怨を抱く部下の、省都ウルムチの道台であった樊耀南に暗殺されてしまった。

楊増新に次いで、甘粛省出身の民政庁長の金樹仁が省主席となったが、この政権は腐敗政権であり、少数民族に対する「改土帰流」方式による直接支配(7)が彼らの反発を招き、一九三一年二月にハミを中心とするウイグル族の反乱が勃発した。「回教徒反乱」である。

反乱側は新疆省政府の討伐軍に対抗するため、酒泉にいた甘粛省出身の回族青年の馬仲英将軍に救援を要請した。その結果馬仲英が介入して、反乱は大騒乱となった。一方、金樹仁は馬仲英軍に対抗するためソ連の援助を求め、同年十月にソ連との間に秘密協定を締結した。この協定で、金樹仁はソ連の物資と軍需資材を得る代償として、ソ連に新疆におけるソ連人の「自由貿易」に代表される広範な商業権と経済権を与えたため(8)、それが新疆における経済的利権を獲得しようとしたソ連(9)の以後の介入の第一歩となったので、当時中国人はこの協定を「国権を喪失するもの」と批判している(10)。ソ連が援助したのは《民族反乱軍》の馬仲英ではなくて《腐敗反動政権》の金樹仁であったのは、馬仲英が民族的・宗教的理由で反ソ思想を持っていたからである。

一九三二年に金樹仁は、馬仲英のウルムチ攻撃を防ぐため、遼寧省出身の盛世才を参謀長から前敵総指揮に任命し、彼に馬仲英を撃退させた。だが、その金樹仁自身が、一九三三年四月に新疆省政府の南京派漢族役人と守備軍の亡命ロシア人部隊が企てた、金樹仁の悪政抗議のクーデターにより逃亡してしまった。

盛世才は、満州からソ連領経由で新疆に来た馬占山などの抗日義勇軍と白系ロシア人部隊を後楯としており、また人望が厚かったので、同月に臨時辺防督弁に公選された。[11] 金樹仁は中国本土の南京に逃亡したが、ソ連と密約を結んだ咎で投獄されたという。[12]

一方、新疆西部のカシュガルにおいて、イスラム反乱軍の分離派はイギリスの援助を受けて一九三三年九月に「東トルキスタン共和国」を樹立し、地主出身のウイグル族指導者のホジャ・ニヤスが総統になった。この政権はトルコ系民族の解放を唱えたが、[13] 民族間の矛盾解決の政策を持たず、またウイグル族と回族の対立が激しくなった。その間に馬仲英軍の援助を受けた回族軍により、カシュガルが占領されて、共和国は僅か四カ月で消滅してしまった。[14] そのため、新疆を影響下に置こうとしたイギリスの勢力は後退し、以後新疆はソ連の独壇場になっていく。

三、盛世才の登場

新疆の臨時省主席には教育庁長の湖南省出身の劉文竜がなったが、軍事・行政の権を握った辺防督弁の盛世才は新疆の新しい独裁者となり、一九三三年にソ連の支持の下に民族平等・信仰自由・農村即時救済・財政改革・吏治改革・教育振興・自治振興・司法改正の八大政策を発表し、同年十二月には反乱鎮圧のためにソ連と秘密協定を締結した。これは新疆・ソ連間の二番目の協定であり、盛世才はソ連の軍事的援助を得た代わりに、「新疆の独立を犠牲にした」[15]といわれる程、様々の特権をソ連に与えたのである。それは金・石油などの採掘権が代表例で、一九世紀末に帝政ロシアが清朝から獲得した「満州」の諸特権には及ばないものの、排他的権利を獲得したという点ではソ連は帝政ロシアの政

新疆辺防督弁　盛世才

王柯『東トルキスタン共和国研究』(1995年　東京大学出版会）の口絵写真より転載

策を継承したといえよう。

一九三四年春に馬仲英が再度ウルムチへの攻撃を試みると、盛世才はソ連に救援を要請したので、ソ連は飛行機や軍隊を送って援助しイスラム教徒軍を撃破し、六月に馬仲英がソ連に亡命して戦闘は終わった。馬仲英は初めインドに亡命しようとしたが、ソ連は自国領中央アジアのイスラム教徒対策という点で利用価値を考え、説得して自国に亡命させたという。(16) それはソ連が国家的利益《ナショナルインタレスト》を根本政策としているからではないかと考えられる。

同年に盛世才は反帝国主義・親ソ・民族平等・吏治清廉・国内平和・国内建設の六大政策を宣言した。これは《親ソ》を強調するための宣言であったが、詳細については、後にまた触れることとなる。

ここでは、回教徒反乱の性格を考えてみたい。《独立》志向の有無の問題が第一にある。楊増新→金樹仁の二代の漢族官僚の少数民族蔑視政策により、イスラム教徒の不満が昂まり爆発した結果大反乱になったのだが、反乱側の一部が「東トルキスタン共和国」を樹立したものの、ウイグル族などに明確な独立意識があったかという点になると疑問視せざるを得ない。ウイグル族が蜂起したのは、金樹仁の一年に二年分の地租を取るというような不当な収税、金樹仁がウイグル族の耕作地を重税をのがれるため甘粛省から新疆省に避難してきた漢族に与えたこと、漢族官吏が禁を犯してウイグル族女性と強制的に結婚しようとしたことなどによって、イスラム教徒が異教徒である漢族に対して反感を持ったことによる。(17) しかしウイグル族などは《独立》意識までは進まなかったのである。確かに、カシュガルに樹立された東トルキスタン共和国はトルコ系民族の解放を掲げ総統も選出したが、地域的に新疆西部の一部であり、政権の基礎も脆弱であった。[18]元々ウイグル族の蜂起にカザフ族・回族が加わって大反乱になったのだが、彼らの目的は漢族の抑圧政治一掃に置かれ、東トルキスタン共和国政権指導者の言葉に表れているように、独立政権樹立までは考えなかったのである。[19]

しかし馬仲英は独立国家の方向を考えていた。彼は一九三一年当時、南京の国民政府に忠誠を誓ってはいたが、同年のウイグル族からの救援要請を、中央アジア全域を掩うイスラム帝国樹立の絶好の機会と受け取り反乱に介入したのである。[20]一九三三年に馬仲英は新疆東部の総司令になるという条件でウルムチ政府と和平を結んだりしたが、一貫して、彼の幕僚にふきこまれた「回教帝国」を意図していたのである。[21]だが、ウイグル族との対立がありソ連軍と盛世才との強力な連合軍の攻撃により、敗北して帝国建設の夢は消滅した。ここに、馬仲英の背後に帝国樹立を目論む日本があり、馬仲英が日本の援助を受け煽動されて反乱に介入したというアメリカ人の説[22]と、新疆支配を意図したソ連が内乱を拡大させるために馬仲英に入新させたという日本人の説[23]がある。だが、彼が二十歳という年齢だったとはいえ、一九二八年には馮玉祥軍と戦うなど歴戦の勇士であり、[24]行動は馬仲英自身の自主的なものであったのである。[25]当時、中国辺境の新疆にはソ連やイギリスの思惑が絡んでいたが、満州事変後とはいえ日本の影響力が新疆まで及んでいたとは考えられないし、一方、イデオロギー的に相容れないソ連の煽動を馬仲英が受けるはずもない。馬仲英がソ連に煽動されたという説は、彼が回教徒反乱の敗北後ソ連に説得されて入ソしたことから来る結果論である。

確かに、新疆省内のイスラム教徒に漢族支配に対する不満が高まり、また反乱側がソ連領内の同族と連携意識を持っていた(26)とはいえ、馬仲英の、イスラム教という宗教だけで中ソ二国に跨った少数民族の国家を樹立するという政策は実現不可能なものだったのである。

私は、回教徒反乱終了の主要因は、ソ連の援助を受けた盛世才の軍事力よりも、少数民族側の内紛と少数民族の強烈な独立意識の欠如(27)であると考えている。馬仲英の存在も反乱において意味はあったが、新疆省全域に及んだ大反乱の行方を決定したのは、やはり一指導者の意向ではなくて反乱参加者全員の意向だったのである。

第二に回教徒反乱を起した階級を考えてみたい。後の盛世才の民族平等政策実施後も、イスラム教徒内での例えばウイグル族などの地主――農民、カザフ族などの牧主――牧民という階級が存続したが、金樹仁以前は一層厳格であった。イスラム教徒ではそこに回教主（アホン(28)やムアラ(29)）が加わり宗教的階級と世俗的階級が複雑に絡み合い、中国中央とは異なった社会が形成されていた(30)。回教徒反乱は、イスラム教徒が異教徒である漢族の圧政に反発して回教主の煽動などもあって起したのであるから、イスラム教徒の全階級が団結して参加しており、同族内の階級対立はなかった。

漢族と非漢民族という民族対立は、ウイグル族では地主と農民という階級対立に優先していたといえる。反乱におけるウイグル族の地主出身の二人の指導者の内、ホジャ・ニヤスは左派で、ヨルバスは右派であったが、団結は強固であったという。[31]階級対立は一貫して表に現われなかったものの、反乱の初期には目立たなかったイスラム教徒内部の、ウイグル族と回族などの民族間の対立の方が次第に顕在化し、闘争の敗北を招いてしまったのである。ホジャ・ニヤスは馬仲英の勢威が盛んになると盛世才側につき、馬仲英の入ソ後は新疆省副主席となった。[32]またヨルバスは馬仲英の兵站部長を務め、馬仲英の敗走後は一旦ハミに政府を形成したが、後同じく盛世才側についたという。[33]反乱側におけるウイグル族と回族の対立が典型的に現われている。

四、盛世才の治世

盛世才は一九三四年に、反対派を一掃すると共に[34]六大政策を発表した。六大政策について、ソ連が盛世才を擁立したと見るアメリカ人は《押付け》論を採り、[35]ソ連の後援で反乱を鎮圧したが、政治活動はすべて盛世才の主体的なそれであると見る中国人は《自主》論を採っている。[36]《押付け》論も疑問だが、盛世才が心《しん》から新疆改革を望んでいたかというとまた問題もあり、[37]ソ連の意向を考慮して一応は自主的に発表した、という所であろう。

ここで、六大政策の中心である親ソと民族平等を詳しく検討してみたい。まず親ソである。親ソを掲げるのはソ連の援助で回教徒反乱を鎮圧したのであるから、盛世才から見れば当然であろう。親ソについて、《押付け》論者は盛世才が八大政策に不満のソ連の意向を取り入れて第一に親ソを謳った、としている[38]。それと対照的に、《自主》論者はソ連には侵略の根源である資本家などがいないからその野心がない、故に盛世才は親ソを強調した、としている[39]。ソ連の命令であれ、盛世才の意思であれ、一九三四~三五年という、中国国民政府が中国共産党絶滅のために全力を挙げていた時期に、《親ソ連》が打ち出されたのは、新疆においてソ連の優越が目立ち始めていたとはいえ画期的なことであった。

新疆の新政府はソ連邦のウズベク共和国のタシケントや首都モスクワに多数の学生を留学させたが、留学生達は親ソ思想の持主になって新疆に帰った、という[40]。新疆の学校では外国語として英語ではなくてロシア語が教えられ、イスラム諸民族中から進歩分子が出現したというから[41]、ソ連の思う方向に新疆が進んでいったと見るべきであろう。

一九三六年一月には新疆とソ連との間で三番目の協定が締結されたが、新疆の形式上の独立を予想するように[42]、その第七条が、「新疆が独立乃至別個の国家の形成を宣言するに決した場合、ソ連邦はこれを援助することを約する」[43]となっている。協定によりソ連人の手によって多数の工場や道路が建設された。一九三五年五月にはまた、五百万ルーブルの借款が新疆に与えられている[44]。新疆の経済建設に借款が果たした役割は大きかったのである[45]。

次に民族平等をみたい。楊増新・金樹仁二代の少数民族蔑視政策が回教徒反乱を招いたのであるから、盛世才がこれを重要視するのはまた当然である。一九三六年時の新疆総人口は二五〇余万人で、漢族は僅かに四〇万人、少数民族中最多数のウイグル族が一二五万人であった。(46)すべての非漢民族の民族が彼ら自身の言語と学校で教育を進めることが許されたし、留学生も各民族の多寡によって分配しているというから、(47)少数民族の内情が考慮された、全少数民族の実質的な平等政策が採られたようである。

次に「民族平等」の実施内容をみたい。民族平等は第一に政治の面で行われた。各少数民族の優秀分子は官吏となり、(48)上層分子の中には議会に参加した者もあったという。(49)ただ、《議会参加》に関し、「部分的」故「欺瞞」と見る中国人もいる。(50)

民族平等は第二に教育の面で行われた。これは、八大政策の中では別に「教育振興」として謳われていた。金樹仁以前は教育はほとんど行われず、少数しかない学校においても漢文のみが教えられていたが、(51)盛世才の六大政策宣言後、各民族が新疆省政府の援助を得て設立した文化促進会が学校を作り、民族語の自由学習が行われるようになった。(52)教職員が留ソ学生出身者だし、教育の三大方針が「民族意識及び親ソ思想の注入、反侵略及び和平理論の教導、職業教育尊重」(53)だというから、新疆の民族全体が親ソに傾斜していったことは容易に考えられる。盛世才は新疆再建に教育が不可欠と見て自らの著書でもそれを強調しており、(54)それは民族平等政策の核心であった。学生の費用が無料とか、卒業生に失業の心配がないことなどは、(55)楊増新・

金樹仁時代の民族差別教育に比べれば格段の進歩であった。各少数民族の文化促進会は小学校・中学校・民衆学校を設立し民族教育を進め、(56)楊増新・金樹仁時代には存在しなかった教育局が五カ所に置かれた。(57)また盛世才は各民族の固有文化の水準を高め、宗教を保護し、善良な風俗を維持した、という。(58)盛世才時代の民族平等政策が少数民族問題の根本的解決の方法ではなかったという評価もあるが、(59)文盲率の減少、委員会《ソビエト》(60)制度などを考慮すれば一定の評価は与えられると思う。

ただ、その文盲率も、楊増新時代の九七パーセントが盛世才時代末期の一九四一年になっても文字の難解さもあり九〇パーセントに減ったに過ぎないという事実(61)や、学生総数が同年時で二〇万人だったということ(62)を考慮に入れれば、教育の対象は必ずしも少数民族の全階級ではなく支配階級の子女にある程度限られていたのではないか、と推測できる。(63)民族の意識変革に重要な役割を果たす教育が民族の支配階級中心だったということは、盛世才の民族平等政策に限界があったことを一面で示しているのである。

次に宗教政策について考えてみる。これにも限界があった。盛世才は自ら、ラマとアホンの《宗教の良好さ》維持に対する功績を認め、彼らの保護を強調している。(64)モンゴル族(65)とウイグル族の社会生活全般に、大きな影響力を持っているラマとアホンの保護を打ち出すことはある程度やむを得ないかもしれない。だが、盛世才時代になるまで、聖界の支配者である両教主は自民族を封建思想で束縛してきたのであるから、盛世才が革新的な民族平等政策を意図していたのならば、牧民や農民の意識向上のために教主の力を規制する必要があったはずである。にもかかわらず、盛世才が実行したのは正反対の「教主保護」政策だった。盛世才はここでも、少数民族の支配階級を支持する立場からの民族平等政策を採った、と言えるのである。

その後一九三〇年代後期になると、新疆省政府が無神論的宣伝を行ったり[66]、イスラム教徒の「メッカ」巡礼を禁止したり、イスラム教有力者数人を殺したりしたため[67]、イスラム教徒の暴動が起った[68]。盛世才の宗教保護政策が極端な反宗教政策に変わったため、イスラム教徒の反発を招いた、といえる。イスラム教徒の牧民や農民から見れば、初期の政策である教主の保護はあまり問題にならなくても、後期の、イスラム教徒の最高の名誉である「メッカ」巡礼[69]の禁止や崇拝している有力者の殺害は、彼らの信仰に対する脅威と映じたであろう。新疆省政府と衝突するのは当然であった。

盛世才の民族平等政策は、特に教育や宗教の点において少数民族の支配階級のみを重視した政策であったという点で問題はあるが、楊増新・金樹仁時代の民族差別政策に比べれば一定の進歩性があった、と結論づけられよう。

五、少数民族の社会

次に当時の少数民族の社会を検討してみたい。新疆省内の全民族の社会については扱えないので、農耕民族のウイグル族と遊牧民族のカザフ族を代表例として見る。

A　ウイグル族

新疆の最多数民族のウイグル族は、新疆南部に特に多く、大半が農業に従事しているが、都市に住む者は商工業に従事し、隣接しているソ連邦内のカザフ共和国の同族と貿易を行っていた。(70)

ロシア革命時にロシアから国境を越えて新疆に亡命したウイグル族もいた。一九三〇年代半ばにおいて、《亡命ウイグル族を中心に反ソ意識が強く、ソ連の工作が進展しない》(71)という説と、《ウイグル族の自覚が高まり、ソ連に煽動されて反漢意識の結果独立しようとしているが、内紛もあり独立は困難である》(72)という説がある。全く相反しているわけだが、ソ連を背景とした盛世才の民族平等政策がある程度成果をおさめていたのであるから、後者の見方が相対的に正しいであろう。

ただ、ここで《独立》とは何を指すのかという問題がある。反漢意識の存在を考えればウイグル・漢両族連合の新疆の国家建設運動はあり得ないということと、回教徒反乱時に地主出身の指導者のホジャ・ニヤスが、盛世才政府の副主席に任命された後も独立を待望していたといういうことから見れば、ウイグル族の支配階級中心の独立運動ということになる。[74] 回教徒反乱時においで薄弱だった《独立意識》が盛世才治下で徐々に濃くなってきたようである。一九三四年には盛世才が「纏回」という通称をやめさせ、祖先の「ウイグル」という名称を復活させたこ[75]とにより、彼らの民族意識が一層強まった。だが、ウイグル族内部の階級対立、他の民族との紛争などがあり、国家形成までは進まなかったのである。

ウイグル族の社会構造をみるに、聖界では、ウイグルのオアシス共同体の中心である回教寺院の主のアホンが支配階級であり、民衆は「万事礼拝寺教主ノ命令ニ服従」[76]していたという。イスラム教は生活全般に染みこんでいたため、[77]前述のような盛世才の反宗教政策にウイグル人民は猛反発したわけである。俗界では、ベクが清朝時代に自治機関の長であったが、楊増新時代に廃止されても大地主の称号として残り、農奴主を指すホジャ共々支配階級として人民を搾取していた。[78]

次にウイグル族の人民の生活形態をみたい。ベクやホジャの支配下で農奴となっていた民衆は自己の土地を持たず、自らの農具で支配者のオアシスの土地を耕して小作料を払い、また新たに土地を開拓していった。[79] 盛世才時代に入って、農業奨励機関の設立や灌漑設備の拡張、農業機械の普及、貧農への融資などを通して農業生産の改良が図られた。[80] そのため、新疆全体で既耕土地面積が一九二九年には約七四万ヘクタールだったのが、一九四一年には一三〇万ヘクタールに拡大した。[82] 学校設立などのためにウイグル族が作ったウイグル文化促進会ではソ連人が責任者となり、共産主義が鼓吹されたという。[83] 一九三七年には学校数は一九八〇、生徒数は約一三万人に達している。[84] 盛世才時代に教育を通してソ連の影響がウイグル族の人民にまで及び、彼らの思想変革に重要な役割を果たしているのである。

ウイグル族人民はイスラム教の下で封建思想から脱却できなかったが、一方ソ連の実質的支配下で一定の教育を通して共産思想に触れた結果、両極端の思想が彼らの意識内で混在し、盛世才時代は封建思想が表面に出ていたが、盛世才時代末期の強圧政治時代になると沈潜化していた共産思想が一挙に浮上し、反漢感情と結びついて三区革命に走った、と私は考えている。

ウイグル族と漢族との関係をみたい。ウイグル族は新疆南部のオアシス地域中心に居住し、農民を除く漢族[85]は都市に居住していた故、両者の接触は少なく、ウイグル族の支配階級のベクやホジャが漢族の役人と結びつきがあったのみで、被支配階級の人民の不満は支配民族である漢族に伝わらず、それが両者の溝を一層拡げる要因となったのである。[86]

B カザフ族

彼らは一九三五年時で人口二〇万人[87]で、大半が新疆北部に住み蒙古族と共に遊牧に従事しており、一部はウイグル族などと雑居して農業を営んでいた。ウイグル族と同様に、隣接しているソ連邦のカザフ共和国から逃亡してくるカザフ族もいたが、ウイグル族のように独立意識を持つまでには至らなかったようである。

カザフ族の社会構造をみるに、聖界では、ウイグル族のアホンに当たるムアラが支配階級であるが、アホン程の高い地位を持っていない。また、遊牧のため回教寺院はない。俗界では、牧主が広大な牧場と家畜と荒山を占有した支配階級であり、一般牧民は牧主の家畜を借りて賃借料を払ったり番をしてわずかな報酬を得たりして、奴隷的に牧主に隷属していた。[88] 一九三七年前後に、カザフ族牧民四万人が支配階級の牧主の圧迫に堪えきれなくなって新疆省北部から甘粛省西部まで逃亡したという。[89] カザフ族内部の階級対立の尖鋭化を明確に物語っている。[90] たとえカザフ文化促進会が設立した学校が一九三七年に二〇七になり、生徒数が一万人に達しても、[91] カザフ族全人口の七割を占める牧民の生活水準はあまり向上しなかったといえる。[92] ただ、盛世才時代に入って牧畜局、草刈所、種畜場などが設立され、[93] ソ連人が牧畜の技師になったというから、共産思想の浸透の結果カザフ牧民の意識はイスラム教に縛られつつもかなり変革されたと思われる。[94] また、新疆全体の家畜総数も一九三五年の約六四六万頭[95]から、一九四三年には約一四九一万頭[96]に増加している。

カザフ族と漢族との関係をみたい。ウイグル族と同様に、支配階級である牧主は漢族と接触があったが、被支配階級である牧民はあまりなかったようである。牧民は不満が漢族に伝わらないということから伝統的な反漢感情を強め、盛世才時代末期になるとそれが国民党による圧迫政策により決定的となり、一九四四年に牧民中心で三区革命を起すのである。[97]
以上のように、盛世才統治下でウイグル・カザフ両族の中で、支配階級は「民族平等」政策により満足していたが、被支配階級は支配階級のみの「民族平等」政策により反漢意識は抜けず、生活・思想両面で一定の向上があった故、表面上は漢族支配に従いつつ、一九四〇年代に入っていくのである。

六、盛世才後半期

盛世才は六大政策の中の「国内建設」の下で新疆の開発に努めたため、工業・農業・交通などあらゆる方面で進歩があった。工業ではソ連の資本と技術の援助により紡績業、製油業が勃興したが、特に製油業の成長は速く、一九四一年には石油の自給自足が可能となったという。[98]農業では農村貸付金の増加、農業機械の購入によって、穀物の生産量が増加した。[99]交通では自動車路の建設が行われ、[100]実現しなかったものの新疆と、ソ連のシベリアから西トルキスタンに至るトルクシブ鉄道との連絡も計画された。また対ソ貿易も、輸出で見た場合一九三三年には一二五三万二〇〇〇ルーブル[101]だったのが、一九三七年には二五七七万四〇〇〇ルーブル[102]に増加した。

一方、一九三七年七月に日中戦争が勃発すると、新疆では盛世才が民族協調のため、一九三八年十月ウルムチで第三回新疆全省代表者会議を開いた。[103] 会議では盛世才が新疆省内諸民族の団結と親ソ政策を強調し、「幣制の改革、土地所有権の確定、穀物の貯蔵と献納等」[104]が決議された。ただ、この会議には「一四民族の代表者のほか、各界代表合計五一一名出席した」[105]が、一九三五年に盛世才が「新疆省ノ新政府ハ王、公、阿衡、喇嘛及其ノ他ノ首領ノ主権ハ尊重ス」[106]と述べている故、「代表者」はすべて各民族の支配階級であろう。民族の協調も《民族支配者間の協調》に過ぎないのである。

一九三〇年代後半における新疆とソ連との関係をみたい。新疆・ソ連間で一九三八年八月に戦間期の四番目の秘密協定が締結された。新疆省政府はこの協定で、ソ連人に新疆内での旅行通商の自由などを認めたが、[107]その秘密条項に「ソ聯が第三国と開戦の場合、新疆側はその経済的資源及び交通路をソ聯の支配下に置く」[108]という項目がある。これは中国の新疆における主権に対する大幅な侵害であり、一九三六年一月締結の三番目の新・ソ間の秘密協定をも併せて考慮に入れれば、ソ連は新疆の半独立化→ソ連の保護国化を狙っているようにも見える。だが、中国内において日中戦争が行われていた時期に辺境を分離させる運動を起すことは、国民政府の支配力が新疆に必ずしも完全に及んではいないとはいえ、国民政府の神経を逆なでし、新疆の抗日戦線を分裂させることになるのであるから、ソ連もそこまでは意図していなかったであろう。新疆を中国の主権を認めつつソ連の強い影響下に置くことがソ連政府首脳の当面の目標であったに違いない。[109] 一九三八年八月には盛世才はソ連共産党に入党している。

ソ連は一九三八年初めにハミに連隊規模の機械化部隊を駐屯させ[110]、また一九四〇年十一月には盛世才と「新疆錫鉱租借条約」を締結し、測量、探鉱、居住などの独占的経済権を得た[111]。この条約は権利の広範さや期限が五十年という点から、蒋介石氏の述べるような「ソ連の全新疆併合の野望を証拠づけるもの[112]」とまでは言えないものの、少なくともソ連の新疆に対する一定の排他的経済的支配の意思を証拠立てているといえるのである。

次に一九三〇年後半の少数民族の状況をみるに、教育を中心にした少数民族政策が一定の成果を挙げ、民族内の階級対立はさほど表面化しなかったが、反漢意識は強固で、一方では農民・牧民を中心にイスラム教信仰の強い者程反ソ意識を持っていたという[113]。ソ連の援助もあって建設が進み、民族平等政策の実も挙がったわけだが、イデオロギーを通して新疆を実質的に支配しようと目論むソ連の政策に人民が反発したということであろう。

日中戦争勃発後、新疆内のソ連からの援蒋ルートは重要な意味を持ち、武器・機械などが輸送されたが、一九四一年六月にヨーロッパで独ソ戦が勃発すると、ソ連の新疆省内における影響力は輸送量の大幅な減少と共に急速に衰えていく。一方、盛世才はソ連軍のヨーロッパでの敗退を見て親ソ政策から親蒋政策への転換を図り、一九四二年秋、ソ連人顧問や中国共産党員[114]が新疆独立の陰謀を画策していたとして彼らを逮捕後一部を処刑した[115]。

一九四三年一月にはウルムチに国民党支部が置かれ、アメリカとイギリスの領事館も設立された。一方、盛世才と重慶政府の要求により、同年三月からはハミに駐屯していたソ連の機械化部隊の撤退と新疆全域の工業施設の撤去が始まり、同年十月には完了した。[116] 同年四月には中国国軍が新疆に進駐している。新疆・ソ連関係の完全な断絶である。

以後重慶政府は完全に新疆を支配するが、盛世才は重慶政府の命令もあり一転して、漢族や非漢民族の別なく知識分子を多数処刑するということに代表される恐怖政治を行ったため、少数民族の不満が高まった。[117] 早くも一九四三年十一月に新疆北部のアルタイ地方のカザフ族が騒乱を起している。数カ月間紛争が中断した後一九四四年三月に再発し、ソ連邦のカザフ共和国のカザフ族が武装して新疆北部に侵入し、さらにソ連機が中国軍を爆撃した。[118] 同年四月には、新疆の中国軍が、南部への強制移住を嫌ってモンゴル人民共和国領内に逃亡したアルタイ地方のカザフ族を追ってモンゴル人民共和国領内に入り、モンゴル軍と衝突したため、中蒙間が一時緊張した。[119]

一方ソ連領から新疆に侵入したカザフ族は新疆北部の裕民と塔城を占領し、反乱は一時下火となる。だが、同年十一月に新疆北部のイリでカザフ族が新疆政府による少数民族圧迫政策に[120]抗して暴動を起し、それにウイグル族も加わって、「三区革命」[121]と呼ばれる大反乱に拡大していく。その間《かん》、同年八月に蒋介石は、親蒋政策から親ソ政策に再び転換した盛世才を中央の農林部長に移し、新疆省主席にはCC団員の呉忠信を任命したが、その交代期に乗じてカザフ族が蜂起したとも言えるのである。

以上のことを概観してみるに、盛世才の少数民族政策は、一九三三年から一九四一年までの親ソ政策期間中においては平等政策であったが、親蔣政策に変わった途端に圧迫政策に転換したのである。私は、ソ連人の、一九三〇年代の新疆を国民党支配時代と見て一貫して少数民族抑圧政治が行われていたとする説[122]には首肯しかねる。盛世才は戦間期に確かに中国中央の支配下に名目的には入っていて、彼自身も中国人として抗日下での中国人民の解放を考えてはいた[123]が、政治はソ連の影響下で独自に行っており、民族平等政策もソ連の指示の色が濃いのである。[124]それは少数民族の支配階級間の平等に過ぎなかったとはいえ、楊増新、金樹仁時代に比べれば、漢族と非漢民族の平等を実施したということで画期的であった。だが、重慶政府の支配下に入った後は、「宗族」政策を採る重慶政府[125]、特にCC団の命令により、盛世才は民族圧迫政治をせざるを得なかった、ということなのである。ソ連人の説は結果論である。一九四四年になってソ連の攻勢が明らかになると、盛世才は親ソ政策に再度転換し、蔣介石の信用を失って閑職に追いやられたわけである。

盛世才の政治の転換点は独ソ開戦であり、それ以前は民族平等を中核とした六大政策により新疆の建設に努めた[126]が、それ以後は中国中央政府の立てた「西北開発十箇年計画」[127]の下で民族抑圧政治を行ったのである。戦争が盛世才の大転換の契機となったといえよう。

本節では三区革命勃発前までを取り扱い、三区革命については後日を期したい。

七、おわりに

楊増新と金樹仁の、少数民族圧迫と腐敗の政治の下で呻吟していた少数民族は、盛世才の民族平等政策の下では、文化・教育などの点で進歩した生活を送ることができた。だが、平等についても民族における支配階級間の平等に限られたし、牧民・農民などの少数民族の被支配階級は、支配階級と比較すれば相対的に生活が貧困で政治的無権利のままに置かれたので、彼らの反漢感情は深く潜行して固定化し、一九四二年以降盛世才が民族圧迫政策を採るとそれが契機となって、一九四四年の三区革命となって爆発したのである[128]。

盛世才について言えば、ソ連の援助で新疆を再建した点や少数民族の生活水準を向上させた点は評価できるが、生活水準向上に限界があり、民族全体の幸福には必ずしも連動しなかった点が問題を後に残し、三区革命という民族反乱を招いてしまった、といえるのである。

もう一つの《分離》という問題に焦点をあててみたい。新疆が戦間期に半独立状態になりながらも結果的に中国から分離しなかったのは、漢族である盛世才の統治が一定の成果を挙げたのも一因だが、多数派である少数民族に、ウイグル族と回族の対立に代表される民族間対立や、同族内の階級対立があり、また少数民族の独立意識が明確でなかったことなどが、最大要因であろう。新疆の進路を決定するのは、やはり新疆の多数派民族の人民である。少数派の漢族でもなければ少数民族の支配階級の牧主や地主でもない。少数民族の被支配階級の牧民・農民である。中国人の、新疆は元々中国領であり、漢族・非漢民族の人民は戦間期も連帯して新疆の、漢族と非漢民族含めた支配階級からの解放のために闘っていた、とする論[129]があるが、これは新疆が戦後結局は中華人民共和国の一部となり一九五五年に自治区となったことによる結果論に過ぎない。

《分離独立》は、その地域の人民の独立意識の昂揚、経済的自立性、一定以上の人口という内的条件と、他国の物質的・精神的援助という外的条件が整っていれば可能である。外蒙古はすべての条件が整っていたから独立したのに対し、新疆は最も重要な《人民の独立意識の昂揚》という条件が薄弱であり、また少数民族間の対立もあったからこそ、中国の枠内に留まり続けたのである。

以後新疆は、一九四四～四九年の三区革命という動乱期を経て、最終的には中国に統合されていく。

注

（1）坂本是忠前掲書七七～七八頁、八一頁。

（2）Henry Wei, *China and Soviet Russia*（Princeton 1956　邦訳尾上正男『中国とソ連』一九五七年　日本外政学会）一七二～一七三頁。

（3）三島康夫は「楊増新は就任以来、住民の八割以上が回教を奉じてゐるのを見て、地方政治は回教徒の酋長制に依る自治政治を行はしめ」た（「新疆を中心とする最近の国際紛争」『外交時報』七九―三　一九三六年八月一日号　外交時報社　一五五頁）と述べている。

（4）馮有真『新疆視察記』（一九三四年　上海　世界書局）四四頁。

（5）私は、本章で「回族」を「回教徒」ではなく、漢化したイスラム教徒、すなわち中華人民共和国成立以前の、「漢回」・「東干《トンガン》」の呼称として使用している。因に「回族」に関しては中田吉信前掲書参照。

（6）宋憲精（『蒙古』編集部訳）「新疆の政治・経済の現状」（『蒙古』一九四〇年五月号　善隣協会）一一二頁。因に「宗憲精」は盛世才の同窓で、一九四三年に彼によって処刑された「抗日分子」の杜重遠のペンネームであると思われる。

（7）同右一一二頁。

（8）D. J. ダーリン前掲邦訳上巻一三二頁。三島康夫前掲論文一五八～一五九頁。同上一五八頁に「一、ウルムチ、クルギャ、カシユガルの諸市に商業代表機関を設くることを得、其他の重要都市には決算事務所を設置する権利を保有す　二、前条の各地に於ける自由貿易の権利を有す……」とある。

（9）笠原正明は「国内経済機構が大いなる変革を遂げようとしていた当時のソ連が、その資源欲求を満足せしめるために、新疆を含む広域経済圏の確立を夢みたことは当然であろう」（「ソ連の新疆進出の動機　一九三一～三四」『神戸外大論叢』十二巻三号〈一九六一年八月号　神戸市外国語大学研究所〉九六頁）と述べている。

（10）馮有真前掲書五五頁。

（11）杜重遠（松井松次訳）「事変下の新疆を往く」（『蒙古』一九四〇年三月号）九七～九九頁。

（12）D. J. ダーリン前掲邦訳上巻一三二頁。

（13）外務省記録『新疆政況及事情関係雑纂第四巻』（以下『新疆・四巻』と略す）の「機密第八五号」の在張家口領事代理橋本正康から外務大臣広田弘毅宛電信の「新疆ノ回教徒暴動ニ関スル調書提出ノ件」（池田書記生作成）に「……二、東『トルキスタン』独立国の『イデオロギー』㈠民族主義……『カシュガル』六城ハ已ニ独立政府ヲ有シ『回教土耳古共和国』ヲ成立セシメタリ以後吾民族ハ各人平等ニシテ我全民族ハ自由ノ地位ヲ獲得シタリ……」（一九三五年三月三十日）とある。

（14）呉藹宸（楊井克巳訳）『新疆紀遊』（一九四三年　興亜書局）三五九～三六五頁。因に呉藹宸は盛世才の秘書であった。

（15）D.J.ダーリン前掲邦訳上巻一三四頁。

（16）A. S. Whiting and General Sheng Shih-ts'ai, *Sinkiang-Pawn or Pivot?* (Michigan State Univ. 1958) p. 193.

（17）宋憲精前掲邦訳一一二～一一三頁。

（18）呉藹宸前掲邦訳に「新共和国の力は疑問のままになつてゐた。その力が衰へたといふ報道に続いて、イギリスはどんな事があつてもこれを支持することはないといふ明示の宣言がなされた」（三六二～三六三頁）とある。

（19）外務省記録『新疆政況及事情関係雑纂第六巻』（以下『新疆・六巻』と略す）の「公機密第一〇四号」の在アフガニスタン特命全権公使北田正元から外務大臣有田八郎宛電信の「新疆及其ノ重要問題ニ関スル件（其五）」に「……『カシュガル』政権トシテハ……南京政府ニ対シ宣言書ヲ送リ『吾等ノ革命運動ハ決シテ南京政府ニ敵対スルモノニアラス又支那主権ヨリ分離ヲ計ラントスルニモアラス唯廸化政権ト『ソ』聯トノ密約ニ反対シ且廸化総督ノ専横政治ニ反抗スル為メナリ』ト述ヘ……革命ノ目的ハ専ラ総督ノ駆逐ニアル次第ヲ告ケ……」（一九三六年五月四日）とある。因にカシュガル政権とは東トルキスタン共和国政権のことである。

(20) 呉藹宸前掲邦訳三四一頁。

(21) D.J.ダーリン前掲邦訳上巻一三一頁。中田吉信前掲書一二五～一二六頁。

(22) チャールズ・エス・ワン（西雅雄訳）「新建設途上の新疆」（『蒙古』一九三九年十二月号）二四頁。

(23) 村山公三「英国の新疆侵略と新段階」（『蒙古』一九四四年三月号）二八頁。

(24) 中田吉信前掲書一二五頁。

(25) ネダーチンは「東干族の将、馬仲英は新疆の支配者たらむとする野望を棄てることが出来なかった」（C.B.ネダーチン〈中平亮訳〉『現代新疆』〈一九二五年　大連南満洲鉄道株式会社経済調査会〉三三〇頁）と述べている。因にネダーチンは楊増新の顧問だった白系ロシア人である。呉藹宸前掲邦訳一〇五～一〇六頁。

(26) 呉藹宸前掲邦訳三六〇頁に、東トルキスタン共和国によって「ロシアの援助を求めて、タシケントへも使節が派遣された」とある。

(27) 外務省記録『新疆・六巻』の「公機密第二九号」の在アフガニスタン特命全権公使北田正元から外務大臣広田弘毅宛電信の「英印側ノ『ホタン』ニ対スル態度並ニ新疆廸化政権トノ交渉ニ関スル件」に「……今日迄現ハレタル各地ノ指導者等ハ……全新疆ニ亘ル回教自治達成ノ大目的ニ於テハ一致シ居レリ……」（一九三六年一月二十五日）とある。

(28) 外務省記録『新疆・六巻』の「天調第六四号」の支那駐屯軍司令部の「新疆省ノ概況（兵要地理資源資料）」に「纏回ノ酋長的ノモノハ所謂各地ニ在ル回教主（阿衡）之ナリ」（一九三六年六月十五日）とある。以下「新疆省ノ概況」と略す。

(29) カザフ族にのみ存在する回教主の呼び名。村松一弥前掲書一一八～一一九頁参照。

(30) 村松一弥は「解放前のウイグル族共同体は二重構造になっていて、宗教法廷を構成する宗教的有力者であるアホンたちの背後には、大地主という経済的有力者であるウイグル族の長老たちがいて、伯《べ》克《ク》（bek）とよばれ、その共同体の自治機関を支配していた」（同前一〇一頁）と述べている。

（31）外務省記録『在張家口池田書記生新疆省実地調査関係』の「機密第九二号」の在張家口領事代理中根直介から外務大臣林銑十郎宛電信の「新疆旅行駱駝隊帰還ニ関スル件」（一九三七年二月二十日）による。

（32）スヴェン・ヘディン（小野忍訳）『馬仲英の逃亡』（一九三八年　改造社）三七三頁訳者注（一〇）。因に盛世才は、主席には最後までならず、主席は劉文竜、朱鳳楼、李溶と代わった（波多野乾一「新疆問題の歴史的展望」〈『ソ連研究』二―六　一九五三年六月号　ソ連問題研究会〉二七頁）。

（33）スヴェン・ヘディン前掲邦訳三七四頁訳者注（一〇）。

（34）Cheng Tien-fong, *A History of Sino-Russian Relations* (Public Affairs Press 1957) に「新疆の反ソ的な傾向のある多くの漢族の役人が罷免された」(p. 172) とある。

（35）D. J. ダーリン前掲邦訳上巻一三四頁。

（36）宋憲精前掲邦訳一一五〜一一八頁。

（37）呉彦傑は一九三三年から一九四四年までの「この一一年の間にスターリンの血塗られた手は、前後してわが新疆人民を一〇万五千余人虐殺した（盛世才は現在台湾にいるが、反証できるだろうか）」（「蘇俄屠殺新疆同胞一九万」〈『新聞天地』通巻二四二号　一九五二年十月七日号　香港　新聞天地社〉二〇頁）と述べている。

（38）D. J. ダーリン前掲邦訳上巻一三四頁。

（39）宋憲精前掲邦訳一一六頁。

（40）N. L. D. McLean, *Sinkiang today* (*International Affairs*, 24–3 1948. 7) p. 380.　呉藹宸（小池豊吉訳）「新疆

省の現状」(『蒙古』一九四〇年二月号) 七六頁。

(41) 外務省記録『新疆政況及事情関係雑纂第九巻』(以下『新疆・九巻』と略す) の「機密第七一四号」の在厚和総領事代理望月静から外務大臣松岡洋右宛電信の「最近ノ新疆省状況報告ノ件」(一九四〇年十二月二十七日) による。以下「最近ノ新疆省状況報告ノ件」と略す。他にD. J. ダーリン前掲邦訳上巻一三八頁参照。

(42) 同右一四〇頁。

(43) 同右一四一頁。

(44) 宋憲精前掲邦訳に「盛督辦はソ聯に向つて五百万金ルーブルを借款して建設方面に専用したが、借款条件は年利四分で、この外には何の附帯条件も無いのである」(一二二頁) とある。

(45) ヘンリー・ウェイ前掲邦訳に「盛は再建計画のためにソ連政府から一度に五百万金ルーブルを借りたこともあつた。ソ連政府は油井鑽孔、製油、灌漑、道路建設、牧畜、学校、病院の建設など再建計画にもられた諸種の計画に広汎な技術援助をあたえた」(一七五頁) とある。

(46) 外務省記録前掲「新疆省ノ概況」による。

(47) 宋憲精前掲邦訳一一八頁。

(48) 笠原直造編『蘇聯邦年鑑一九四三・四年版』(一九四三年　日蘇通信社) 九五七頁。

(49) 呂振羽前掲書一四七頁。

(50) 同右一四七頁。

(51) 宋憲精前掲邦訳に、楊増新・金樹仁時代において学校は「主として漢人が他民族を同化せんとして設けたものであつたが故に、極盛時代でも全省で六十幾つかの学校と二千数百人の学生に過ぎなかつた」(一一八頁) とある。

(52) 同前一一八～一一九頁。
(53) 笠原直造編前掲書九五七頁。
(54) 外務省記録『新疆・九巻』の「機密第一一〇四号」の在厚和総領事代理望月静から外務大臣有田八郎宛電信の、盛世才の「『新疆省政府ノ主要任務』ナル小冊子訳報ノ件」(一九三九年七月八日)による。因に盛世才の原著は一九三五年五月出版である。以下「『新疆省政府ノ主要任務』ナル小冊子訳報ノ件」と略す。
(55) チャールズ・エス・ワン前掲邦訳二六頁。
(56) 笠原直造編前掲書に「一九四一年には、大学一、中学一五、小学三百、民衆学校百二十二、その他私立学校、各地の文化会等があり……」(九五七頁)とある。因に新疆ウイグル自治区元革命委主任サイフジンは一九六五年に「解放前全区にはわずか一つの設備の老朽化した高等学校があっただけで、中等学校も非常に少なく、多くの農村地区では小学校でさえもなかった」(「更高地挙起毛沢东思想胜利紅旗為建設一个革命的新新疆奋勇前进」〈『民族団結』一九六五年九月号　通巻八八号　北京　民族出版社〉七頁)と述べている。
(57) 宋憲精前掲邦訳一一九頁。
(58) 同右一一八～一一九頁。
(59) 呂振羽前掲書一四七頁。
(60) 外務省記録前掲「『新疆省政府ノ主要任務』ナル小冊子訳報ノ件」に「……今回ハ省ノ統治権ヲ中央化スルコトトセリ依ツテ各郡ニハ委員会《サウエート》ヲ組織シ、之ニヨリテ万事ヲ決定シ之ヲ郡長ニ与ヘ、郡長ヲシテ右ノ決議ヲ執行セシム」とある。
(61) 笠原直造編前掲書九五七頁。

(62) 同右九五七頁。因に一九四一年時の新疆総人口は、笠原直造によれば二五五万〜三二〇万人の間であったという（同右九五一頁）。

(63) 金帛は、カザフ族の「学生は非常に少なく、かつ大部分は牧主や頭人の子女であった」（「哈薩克族」〈『民族団結』一九六三年一〇・一一月号　通巻六五・六六号〉六四頁）と述べている。

(64) 外務省記録前掲「『新疆省政府ノ主要任務』ナル小冊子訳報ノ件」による。

(65) 外務省記録前掲「新疆省ノ概況」によれば、蒙古人は一九三六年時で十三万人いて、「準噶爾草原ニ遊牧シ常ニ哈薩克族ニ圧迫サル支那語ヲ解スルモノ少ク喇嘛教ヲ奉ス」という。

(66) D.J.ダーリン前掲邦訳上巻一三八頁。

(67) 外務省記録前掲「最近ノ新疆省状況報告ノ件」による。

(68) 同右。

(69) 呉藹宸前掲邦訳『新疆紀遊』に「巡礼から帰つて来た者は『阿吉《ハヂー》』といふ尊称を受け、人々から非常に尊敬される。彼等は神に近づき、大智識をえて来たものと看做される。彼等の助言は求められ、彼等の一言で争論が納まることも屢々ある」（三二〇頁）とある。

(70) 外務省記録『新疆政況及事情関係雑纂第八巻』の「支那辺疆関係資料第二号」の満州国外務局調査処の「最近ノ新疆概観」（一九三八年三月）による。以下「最近ノ新疆概観」と略す。

(71) 同右。

(72) 外務省記録前掲「新疆省ノ概況」による。

(73) 外務省記録『新疆・六巻』の「公機密第一七五号」の在アフガニスタン特命全権公使北田正元から外務大臣有田八郎宛電信の「『アミール・ホタン』手記『一九三三年ノ第一革命以降ニ於ケル新疆ノ変遷（其ノ二）』送付ノ件」（一九三六年六月十六日）による。

(74) 呂振羽前掲書に、ウイグル族は「歴史上……独立のために闘争を行なった。この百年来数回のこのような運動があったが、上層分子の政治投機や中途の変節、あるいは買収され、甚しくはイギリス帝国主義と結託したり、あるいはすでに死亡しているツァーリ帝国主義と結託したりしたことによって、その民族政権問題は少しも解決されず、その民族地位も改善されなかった」(一四四頁)とある。

(75) 中田吉信前掲書五頁。

(76) 外務省記録『新疆政況及事情関係雑纂第三巻』の「公第二八五号」の在広東総領事川越茂から外務大臣広田弘毅宛電信の「羅文幹講演『新疆開発問題』訳報ノ件」(一九三四年五月二十一日)による。因に羅文幹は当時の中国国民政府の前外交部長兼司法部長である。

(77) 外務省記録『新疆政況及事情関係雑纂第七巻』の「亜一機密合第一二三六号」の在アフガニスタン特命全権公使北田正元から外務大臣有田八郎宛電信の「『アミール・ホタン』手記『新疆事情』送付ノ件」に「東『トルキスタン』ノ回教徒ハ全部『スンニ』派『ハナフイ』教ヲ信奉シ祈禱教会ヘノ参詣、宗教祭典及教義ニ基ク1/4税1/10税ハコレヲ忠実ニ実行シ……商取引ハ教義ニ則リテ行ハレ……」(一九三六年五月四日)などとある。

(78) カウフマンは「一般に行はるる賃貸関係の形式は、小作人が小作料を金で支払はず、農作物を以て(……)支払ふ方法によつてゐる。この場合地主の収得は表面収穫の半分であつても実際はそれ以上である。……それからいろ〳〵の形式による賦役仕事もまだ行はれてゐる」(ア・カウフマン〈黒田乙吉訳〉「ソ聯版・新疆事情」〈『東亜問題研究』通巻二号　一九四一年二月号　東京日日新聞社〉一九七頁)と述べている。

(79) カウフマンは「六万家族(十四%)は土地も有せず家畜も有しない。そしてちつぽけな陋屋に住み、自分の労働を売つて生きてゐる」(同右一九五~一九六頁)と述べている。

(80) チャールズ・エス・ワン前掲邦訳二七頁。笠原直造編前掲書九五五頁。
(81) 外務省記録『新疆政況及事情関係雑纂第二巻』の「露蒙関係五三」の「ソ聯邦東方科学協会発行ノーウイ、ウォストク雑誌」（一九二九年）の「新疆地方ノ経済状況及対ソ聯邦関係ニ関スル件」（一九三一年九月二十一日）による。
(82) 笠原直造編前掲書九五四頁。
(83) 外務省記録前掲「最近ノ新疆概観」による。
(84) 宋憲精前掲邦訳一一九頁。
(85) カウフマンは、漢族は「新疆の支配的民族で、行政、軍事、商業、大きな分割地等をその掌中に収めてゐる」（ア・カウフマン前掲邦訳一九四頁）と述べている。
(86) 外務省記録前掲「最近ノ新疆概観」による。
(87) 外務省記録『新疆・四巻』の外務省東亜局第一課の「新疆省大観」（一九三五年三月）による。以下「新疆省大観」と略す。
(88) 金帛は、牧民は「夏は三〇〇から五〇〇頭の羊を放牧すると一ないし二頭の羊を借り賃として出さねばならず、冬は一〇〇頭の羊を放牧すると一ないし三頭の羊を借り賃として出さねばならなかった」（金帛前掲論文六三頁）と述べている。
(89) 王治来「試論解放前我国哈薩克族的社会性質」（『民族団結』一九六三年一月号　通巻五六号）三二～三三頁。金帛前掲論文六三頁。
(90) 譚新之編前掲書七三頁。金帛前掲論文六二頁。
(91) 宋憲精前掲邦訳一一九頁。因に金帛前掲論文に「解放前、カザフ族は九五パーセントの人が文盲で、一人の大学生もいなかった」（六四頁）とある。

(92) 譚新之編前掲書七二頁。
(93) 宋憲精前掲邦訳一二〇～一二一頁。
(94) 同右一二二頁。
(95) C. B. ネダーチン前掲邦訳二三三頁。
(96) 張之毅『新疆之経済』(一九四五年　上海　中華書局) 二四～二五頁。
(97) K. F. Cotov, *Sinkiang 1928–59 (Central Asian Review*, 8–4 1960 Central Asian Research Centre London) p. 443.
(98) 笠原直造編前掲書九五五頁。
(99) 外務省記録前掲「新疆省大観」によれば、一九三二年度の穀物生産量は八六万トンだったが、張之毅前掲書によれば、一九四三年度の穀物生産量は九〇万トンになっている(三二頁)。
(100) チャールズ・エス・ワンは、一九三九年に「過去五年間における交通の発展は新疆において未だ曽て実現されなかつた一般的進歩のテンポを示してゐる。首府と省内の他の諸地方とを結ぶ自動車道路網が完成された」(チャールズ・エス・ワン前掲邦訳二六頁) と述べている。
(101) 外務省記録前掲「新疆省大観」による。
(102) 笠原直造編前掲書九五六頁。
(103) 遠藤一郎「ソ聯の西北支那工作と新段階―ボルシエヴイキーと新疆の関係―」(『蒙古』一九四三年十月号) 一三頁。
(104) 同右一三頁。
(105) 同右一三頁。
(106) 外務省記録前掲「『新疆省政府ノ主要任務』ナル小冊子訳報ノ件」による。
(107) 遠藤一郎前掲論文一四～一五頁。

(108) 同右一四頁。
(109) 同右に「ソ聯としては飽くまで盛世才政権の育成に努め、これと回教徒工作の進展の度合を見て、徐々に積極的回教徒工作を展開すると見られる」（一八頁）とある。
(110) Cheng Tien-fong, *op. cit.*, p. 176.
(111) *Ibid.*, pp. 176–177.
(112) 蔣介石『蘇俄在中国』（一九五六年　台北　邦訳寺島正『中国のなかのソ連』〈一九六二年　時事通信社〉九七頁）。
(113) 外務省記録『新疆・九巻』の情報部第三課の「新疆情報ニ関スル件」に「……新疆住民大多数ハ共産政府ニ好感ヲ有セス、……一般農民、職人、商人及信仰ヲ有スル者ハ心密カニ之ヲ憎ミ居レルカ如シ」（一九三九年一月十六日）とある。
(114) 坂本是忠は「盛世才が親ソ政策をとっていた時期には、中国共産党の有力党員である毛沢民（毛沢東の弟）や陳譚秋が新疆で活躍していたが、彼らは盛の援助者としてであって、彼の政権をくつがえすためではなかった」（坂本是忠前掲書八〇頁）と述べている。
(115) Cheng Tien-fong, *op. cit.*, p. 178.
(116) ヘンリー・ウェイ前掲邦訳二二一頁。
(117) ミングロフは「自覚意識の成長を妨げるために当局は暴力運動を解放した。これは中国国民党（……）中央委員会新疆支部が一九四三年に開設され、外国領事館が同年開館されたことを通してなされた。逮捕と死刑宣告が流行した」（N. N. Mingulov, *The Uprising In North-West Sinkiang, 1944–9 Central Asian Review*, 11–2 1963 p. 183）と述べている。D. J. ダーリン前掲邦訳下巻二三六〜二三七頁。
(118) ヘンリー・ウェイ前掲邦訳二二三頁。

(119) 同前二二三頁。D. J. ダーリン前掲邦訳下巻二三九〜二四〇頁。

(120) ミングロフは「北部の遊牧地域はアルタイ、タルバガタイ、イリである。これらのすべての場所の人々は行政的専制に非常に苦しめられていた。……反乱の直接の原因は一九四四年の真夏の動員命令であり、これらの地区の一万人の人々が影響を受けた」(N. N. Mingulov, *op. cit*., p. 183) と述べている。

(121) 毛里和子前掲論文、中田吉信「伊寧事変と新疆の民族運動」(『東洋学報』五一—三 一九六八年十二月号 東洋学術協会)、A. Г.Яковлев, *К Вопросу о Национально-освободительном движении Народов Синьцзяна в 1944–1949 г. г*., (*Ученые Записки Института Востоковедения* XI 1955 г.) 参照。

(122) コトフは「新疆における中国国民党支配の一二年間に、一万二千人以上の『人民の主張のために闘った最良の闘士達』が中国国民党の牢獄の中で死亡した。……一九四四年三月、政府は一万頭の馬を中国国民党軍に供出するようにとの布告を出した」(K. F. Cotov, *op. cit*., p. 443) と述べている。

(123) 盛世才は、一九三五年に「吾々新疆省ニ居住スル各民族ハ吾カ領域ニ対スル克服者ニ対抗シテ一致団結之ヲ防衛セサル可ラス」(外務省記録前掲『新疆省政府ノ主要任務』ナル小冊子訳報ノ件」) と述べている。

(124) 遠藤一郎前掲論文に、一九三八年十月の第三回新疆全省代表者会議で「盛世才は……中国々民はソ聯の内外政策を範として、国力を強化すべきことを主張するとともに、ソ聯の教育施設を口を極めて賞讃、これらの政策は中国においても実行すべきであり、かくしてはじめて強大な中国が近い将来に建設されるであらうと断じた」(一三頁) とある。

(125) 中田吉信前掲書一四二〜一四六頁。

(126) 盛世才は、一九三五年に「新疆省内ニ現住スル十三種ノ各民族ハ一致団結シテ、新疆省建設ニ努力シ、……以テ永久ニ共産党政府ヲ信頼スヘキナリ」(外務省記録前掲「『新疆省政府ノ主要任務』ナル小冊子訳報ノ件」）と述べている。

（127）ヘンリー・ウェイ前掲邦訳二二〇頁。Cheng Tien-fong, *op. cit.*, p. 178.

（128）N. N. Mingulov, *op. cit.*, pp. 183–184.

（129）呂振羽前掲書一四六～一四七頁。

第四章

回人

第一節　寧夏の回人(I)

一、はじめに

中華人民共和国の寧夏回族自治区を中心とし、新疆ウイグル自治区、甘粛省など、中国西北辺境を主として一九八二年時で中国全体で約七二二万人居住している回族[1]（回回民族の略称）は、七世紀中葉以後中国に渡来した、アラビア人やペルシア人が漢族と混血し歴史的に形成された民族であり、「中国各地に居住して中国語を日常語としているイスラム教徒[2]」と定義づけられる。

現在、回族は中国内の五十五の少数民族の中では、人口数から言って約一三三八万人のチワン（壮）族に次いで第二位であるが、寧夏回族自治区内には一九八二年時で約一二四万人しか住んでおらず[3]、西北地区や華北などに分散しており、同自治区の境界も、一九六九年七月に内モンゴル自治区のバインノール盟西半分が同自治区に加えられたが一九七九年七月に元に戻る[4]という様に変動し、問題点も多い。回族は外見上漢族と区別がつけにくく、しかも民族語を持っていないということがあり、それ故漢族との《一体性》を強調する見方もあるが[5]、イスラム教という、厳格な規律を持つ宗教を核とする排外的結束の結果としての民族意識もまた強いのである。

辛亥革命以後、中国西北地区には回族軍閥が盤踞し、回族を支配したが、一方、一九三〇年代半ば以降中国共産党の支配地域である陝北ソビエト区→陝甘寧辺区にも回族が居住していた。

本節で辛亥革命前後から一九四五年八月の日中戦争終了時に至る、回族の歴史を政治史を中心に、寧夏地区[6]に絞って考察していきたい。

二、回族軍閥

最初に、回族軍閥を見たい。中国西北部の、ガシュンノール付近から賀蘭山以東の黄河両岸までの地帯を占める寧夏は、清代の雍正年間に府となり以後西隣の甘粛省に属していたが、辛亥革命直後に道とされた。清代の行政区画で言うと西套蒙古二旗と阿拉善額魯特旗と額清納旧土爾扈特旗である[7]。一九一一年十月辛亥革命が勃発し中国各地の回族の革命的人民が戦闘に参加する中で、寧夏府城の銀川（一九四五年寧夏から銀川に改称されたが、以下記述の都合上「銀川」と書く）でも秘密結社の哥老会の頭目である漢族の劉華堂が蜂起し、回族人民と共に銀川を占領したが、甘粛の回族軍閥であり、青海の西寧分統であった馬麒の軍隊に鎮圧され革命運動は失敗した(8)。

このころ寧夏に基盤を確立したのが甘粛省南部の河州（現臨夏）出身の、旧五馬の一人馬福祥（一八七六年生れ）であり、甘粛の支配者で回族軍閥の祖である馬安良の幕僚として辛亥革命期に陝西で武功を樹て、一九一二年に馬安良の跡を襲って甘粛寧夏鎮提督となった。同年七月には青海の西寧辦事大臣兼署青海辦事長、十月には新疆の阿爾泰護軍使兼阿爾泰駐屯守備軍司令に任ぜられたが、寧夏を離れなかったという(9)。一九一三年九月、一九一二年十二月の外モンゴルの独立に呼応した王徳呢瑪を綏遠の包頭付近で捕え、その功によって同月甘粛寧夏護軍使兼署寧夏将軍に任命され、甥の馬鴻賓に一九一五年八月弓占元等の賊を綏遠で、一九一六年五月盧占魁をそれぞれ討たせ、さらには六月には昭武軍司令馬福寿に高士秀を討たせて、着々と寧夏における地盤を強固にしていった。

一方北京政府の寧夏に対する影響力は西隣の甘粛、東隣の綏遠と比較して弱かったので、袁世凱の腹心の、一九一四年甘粛民政長兼署甘粛都督に任命された張広建が甘粛の馬安良の力を怖れ、寧夏の馬福祥に接近していた。だが一九一八年十一月馬安良が死去すると張広建は西北地区の回族勢力の削減を計ったので、二年後到頭馬福祥等と衝突した。一九二〇年十月馬福祥は甘辺寧海鎮守使で同郷の馬麒等四人と連名で、張広建との絶縁を北京政府に通告したのである。苦慮した直隷派軍閥曹錕を中心とした北京政府は張広建を煥咸将軍に任じて北京に召還し、馬福祥も綏遠都統に任命して寧夏から去らせるという妥協策を採り、両者の全面衝突を防いでいる。馬福祥の跡は甥の馬鴻賓が寧夏護軍使に任命され、馬一族の寧夏における地盤は揺るがなかった。一九二六〜二八年、西北国民軍総司令の馮玉祥の国民軍が北伐に参加すると、馬福祥麾下の回族軍もこれに加わっている。

溯ると綏遠移駐後の馬福祥は同地での六五〇〇人の兵を擁し[10]、一九二四年には西北籌辺使に任命されたが、一方では中央政界への進出を図り、一九二六年一月北京で航空署総辦に就任した。だが北伐が開始され国民党勢力が盛んになると一九二七年今度は南京に行き、一九二八年十月南京国民政府樹立後、国民党中央委員会軍事委員に任命された。一九二九年馮玉祥と蔣介石が決裂すると、馮玉祥から離反し、蔣介石側についている。

以後湖北国民党支部政治委員会委員、同年九月国民政府蒙蔵委員会委員長、同年十一月山東省の青島市長に就任し、一九三〇年二月には馮玉祥系軍閥石友三の跡を襲って安徽省政府委員兼主席となった。同年九月には再び蒙蔵委員会委員長となっている。

彼は儒教とイスラム教の折衷融合を考え、一九二五年四月山東省済南でのイスラム教の指導者養成学校である成達師範学校と一九二九年江蘇省上海でのイスラム回文師範学校との設立にも多大の援助を与えた[11]。また一九三一年には広西派軍閥で同じく回族である白崇禧と共に南京に回漢融和を計る「中国回民公会」を設立し、その声望は一時馮玉祥を凌ぐものがあったと言われており[12]、同年十二月中国国民政府行政院委員となったが、一九三二年六月湖北省漢口から北平に赴く途中死去した。

寧夏地区に戻りたい。一九二〇年寧夏護軍使に任命された新旧五馬の一人馬鴻賓（一八八三年河州生れ）は翌年軍政長官たる寧夏鎮守使に降格されたが、甘粛の馬麒とも連携を保ちながら六〇〇〇人の兵を擁し[13]、勢力を拡大し、北伐期に国民革命軍第二集団軍暫編陸軍第二二師団長に任命され主に甘粛に駐防した。寧夏地区は一九二九年一月甘粛省から独立して省に昇格したが、彼は同年その政府の三代目主席にも任命された。

同年馮玉祥が蔣介石と決裂すると彼は叔父の馬福祥等と共に馮玉祥から離れ、それまで山東省政府委員だった馬福祥の子馬鴻逵が寧夏省の新主席に任命されると、寧夏の地盤を馬鴻逵に譲った。そして同年八月、甘粛省政府委員兼臨時主席になった。だが蔣介石が甘粛に派遣した馬文車等が馬鴻賓の武力拡充に反発して起したクーデター事件で失脚し、代わって蔣介石系の朱紹良が一九三三年になって甘粛省政府主席に任命された。

馬鴻賓は、その後第三五師団長として青海省省都の西寧に駐防して中国紅軍に対抗した。彼は一九三四年十二月甘粛省省都の蘭州で、同政府主席の朱紹良に防務を報告している[14]。前政府主席であった彼は、複雑な心境だったに違いない。一九三七年日中戦争が勃発すると、その年の冬、綏西守備司令として日中戦争に参加し、一九四〇年綏遠省イクチャオ盟鎮撫司令に任命されて臨河に駐屯し、一九四三年には七〇〇〇人の兵を擁して、甘粛省政府委員兼甘涼粛辺防司令として寧夏省南部の中衛に駐屯したりした[15]が、馬鴻逵の影にかくれ、目立たなかった。

一方、新五馬の一人馬鴻逵（一八九三年河州生れ）は甘粛の蘭州陸軍学校を卒業後、寧夏新軍統領などを歴任して寧夏に駐屯していたが、一九二三年陸軍第五混成旅団長に任命されて父の馬福祥がいる綏遠に赴き、一九二四年綏西清郷総司令の職に就き綏遠西部の土匪を粛清した。同年、討逆軍独立騎兵前敵総指揮にも任命されている。一九二六年九月以降馮玉祥の国民軍が回族軍の援助で甘粛を支配し掠奪政治を行うようになると、馬鴻逵は国民軍に加わり北伐に参加し、西北陸軍前敵総指揮兼西北陸軍第七師団長に任命され、同年十一月陝西省西安の、軍閥劉鎮華による囲みを解き、一九二七年河南省鄭州で西北第四軍長に改任された。同年五〜六月同省開封、山東省済寧一帯で軍閥張宗昌麾下の山東の軍と奉天派軍閥張作霖麾下の直隷（現河北）の軍を破り、その功により討逆軍第一一軍長兼陸軍第六四師団長に任命されている。

南京国民政府成立後の一九二九年、蔣介石と馮玉祥の間に抗争が起ると、前年の一九二八年馮玉祥軍が、彼の圧政に耐えかねて反乱を起した甘粛南部の河州、涼州（武威）の回族軍（主謀者は馬安良の元部下で、涼州鎮守使の馬廷驤）を必要以上に多数殺害したことが主原因となり、さらに父馬福祥の指示もあったので一九二九年五月韓復榘等と共に馮玉祥軍を脱出して蔣介石側についた。馬鴻逵は「南北大戦」期の一九三〇年三月討逆軍第一五路総指揮に就任し、済南付近の中央軍の対山西軍（傅作義指揮）作戦にも参加し、同年九月山東省政府委員に任命され同省政府主席の韓復榘を助け、一九三一年第三五師団長に任命され、同年六月新編第七師団長兼寧夏省政府主席に改任され、一九三五年十一月には国民党第五期中央候補執行委員にも任命された[16]。父の馬福祥以上の地位の上昇と言える。

　遡るが、寧夏に戻った馬鴻逵は、河北省出身で馮玉祥系の第四一軍の孫殿英が、熱河省で一九三三年五月抗日戦に従事し敗れた後同年六月馮玉祥の主張もあり、南京国民政府によって「青海西区屯墾督辦」に左遷という形で任ぜられて五万人の兵を率い、包頭から寧夏省、甘粛省を経由して青海省に向かうことになったため、その軍隊との衝突の危機を迎えた。孫殿英軍の寧夏甘粛通過は大問題であり、青海省政府主席で新五馬の一人である、馬麟の弟の馬麟と共に猛烈に反対したからである。

　同年九月末、孫殿英軍は包頭を出発、西へ向かい、一九三四年一月国民政府の西進中止の命令も無視し、馬鴻逵側の代表である馬鴻賓との交渉も決裂して、綏遠省西部経由で寧夏省に入り、東部の磴口、平羅で到頭馬鴻逵軍と衝突した。孫殿英軍が一時優勢であったが、国民政府が孫殿英の督辦の職を免じ、甘粛省政府主席の朱紹良も配下の胡宗南軍を派遣して寧夏軍を援助し、軍事委員会北平分会主任何応欽も麾下の晋綏軍を出動させたため、三月孫殿英も到頭青海行きを断念し、一人北平に戻り、残軍も晋綏軍に降伏した。寧夏省東部が大きな戦災を被り、「重大な打撃を受け、適当な救済機関を設けなければ、恐らく疲弊し尽すといふも過言ではない[17]」という状態になったが、回族軍閥の勢力の強大さを見せつけた事件と言えるのである。

　なお本事件に関し、孫殿英と中国共産党との繋がりを説く者もあった[18]。

　馬鴻逵にとっての次の危機は中国紅軍の西進であった。中国共産党の労農紅軍が一九三四年十月江西省南部の瑞金から一万二五〇〇キロメートルの長征を行い、一九三五年十一月陝西省北部の呉起鎮に到着すると、馬鴻逵等を中心とする回族軍は抵抗し、甘粛省東部を中心に衝突した。一九三六年五月徐海東率いる紅軍が寧夏省にも根拠地を作ろうとして南部に侵入し、同心一帯で馬鴻逵軍と戦い、一旦は勝利した。そこで中国共産党中央委員の張国燾も同年十二月、二万人の兵を寧夏省内に進ませたが、今度は馬鴻逵軍に包囲され一九三七年二月壊滅的打撃を受けている[19]。

中国共産党はそこで対回族政策を再検討し、回族を少数民族の一つと認め、国民政府の「回族は回教徒であって少数民族ではない」という見方を《大漢族主義思想》として批判することと、回族人民を回族軍閥の打倒と抗日運動に参加させることを方針として決定した。中国共産党の苛捐雑税の廃止、債務の取り消し、回民自治政府の樹立を標語とする工作によって、馬鴻逵の支配から脱出して、陝西省北部の中国共産党の根拠地に参集した回族も多数いたという[20]。

馬鴻逵はこれに対抗するため反共を掲げ、国民政府にも忠誠を誓い、「寧夏王」としての地位を強化した。馬鴻逵は一九三四年十月南京で国民政府主席林森と同政府行政院外交部長汪兆銘に会っているし[21]、一九三六年三月には同じく南京で行政院長蔣介石に会い寧夏省の政情を報告している[22]。彼と国民政府との繋がりの強さがわかるのである。

彼は二万人の兵を擁していたので[23]、その軍費のために過酷な行政を行った。税目を多数作り、包税すなわち納税請負制度を実行した。前者の例として羊を屠殺すると、羊そのものと、家畜屠殺と羊皮にそれぞれ別々の税がかけられた、ということが挙げられる。[24] 後者を行った結果、請負人が増税額以外の《剰余金》を要求し、人民を苦しめたという。[25] そのため、農民が寧夏省北部の阿拉善地区の草原などに逃亡し、軍人が相対的に最大の比率を占め、利息が年四〜六割という高利貸が横行し、また糧食投機が普遍化し、食料・衣料を自弁しなければならない徴兵制などもあり、回族人民の貧窮化は一層進んでいったのである。[26]「塞上江南と云はれる寧夏の沃地も到るところ荒蕪地となつてゐた[27]」という。

馬鴻逵はアルコール、ソーダ、マッチ、毛織物などの工場を彼の単独資本で、ガラス、タバコ、牛乳、製粉、皮革などの工場を省政府の名目でそれぞれ経営し、莫大な利益を得、営業税・塩取引税・木材税・結婚税など多種類の捐税を実施し、配下の寧夏銀行による省紙幣発行も併せて行い、[28] また省城である銀川の土地の約六〇パーセントを所有して、数百万元の財産を作ったという。[29] その富は新五馬中最大であった。彼を「地方官僚資本」の代表と見る説もある。[30]

対外的には、馬鴻逵は日中戦争勃発前は紅軍に対抗するという意味もあり、対日接近策も採っていた。日本の軍部は一九三六年五月、親日派のモンゴル族王公徳王にチャハル省の徳化で「内蒙軍政府」を組織させ、その後「内蒙軍政府」参謀部部長のモンゴル族軍人の李守信に綏遠省東部に進出させ、さらに寧夏省の銀川と定遠営（現阿拉善左旗。別名バイン・ホト）に特務機関を設置した。特に銀川の特務機関は関東軍や北支駐屯軍と密接な連絡を取り、回奸[31]を使った、「回教国」を組織し、各族「回教徒」の共同政権を樹立することを呼びかける撹乱工作[32]や包頭と銀川間の鉄道敷設を計画し、鉄道敷設に関してはすでに「満州国」大連にある満鉄の本社で綿密な計画が立てられていたという。[33]馬鴻逵の対日接近を如実に示しており、これら以外に馬鴻逵は寧夏省北部の、モンゴル族居住区域である阿拉善地区に日本軍用の飛行場建設を許可したとも言われている。[34]

当時日本の軍部は「少数民族或ハ宗教問題ヲ利用シ西北地方ニ独立政権ヲ樹立セシメテ以テ支那本土ト対抗セシム[35]」という無謀な計画を立てており、反共派の馬鴻逵は恰好の提携の対象とされたわけである。さらに、日本は寧夏省の油田調査のため日本人技師派遣の計画も持っていたという。[36]

これに対し、国民政府は満州事変勃発後西北各省の開発を重視し始め、包頭―銀川間の鉄道建設も含めた交通建設、水利建設、農作物・鉱物の開発などの計画を立てた。[37]一九三六年十二月西安事件が起ると、馬鴻逵は中央擁護に方向を変え、[38]一九三七年七月日中戦争が勃発すると、国民政府の西北中央化工作もあり、彼は対日工作を完全に打ち切った。[39]

国民政府が一九三七年十一月重慶に移った後も、馬鴻逵は同政府に対する支持を続け、民族問題に関しても国民政府と同様の立場に立っていた。彼自身が回族であるにもかかわらず、回族を少数民族と認めず、イスラム教を信仰している「中華民族」であるとして回・漢の強制同化を企図し、回族人民を侮蔑していたのである。[40]彼は一方では一九三七年重慶に成立した、白崇禧を会長とする「中国回民救国協会」の理事に選ばれている。[41]

馬鴻逵は重慶政府から軍事費の補助を受けた西北回族軍を率い、重慶政府にしばしば叛旗を翻したものの、日中戦争中は第五期中国国民党中央執行委員、第一七集団軍総司令、第八戦区副司令（司令は朱紹良）として、抗日の一翼を一応は担っていた。

馬鴻逵は日中戦争終了後、一九四八年に甘粛省政府主席に転じ、代わって従兄の馬鴻賓が再び寧夏省政府主席になった。

以上の様に、辛亥革命前後から一九四五年の日中戦争終了時まで、寧夏地区においては回族軍閥である馬福祥↓馬鴻賓↓馬鴻逵が三代にわたって、中国中央政府とは一定の距離を置いた苛斂誅求の統治を行った故、回族人民は苦しめられたのである。

三、回族と国民党

次に、回族と国民党との関係を見たい。孫文は辛亥革命以前は、三民主義の一つ、民族主義において《滅満興漢》、すなわち清朝を打倒し、漢族中心の国家を復興することを唱えて革命運動を行い、清朝が開拓した回族などを含む非漢民族が住む領土に対しては執着心はなかった。彼には、中華思想はあまりなかったのである。だが一九一一年十月辛亥革命が勃発し、一九一二年一月中華民国が成立すると非漢民族居住区域を含む清朝の領土を継承したので、孫文は《五族共和》論を生み出した。すなわち漢・満・蒙・回・蔵の五民族が、漢族を中心として「中華民族」の結成を目指す、という思想である。

その後一九二四年一月国民党第一期全国代表大会が広東省広州で開かれ、国共合作が実現し、「連ソ・容共・工農扶助」が決定されると、孫文の民族理論も変化した。ソ連の民族自決理論[42]に倣い、中国内の各民族の平等と自由な連合を説くようになったのである。ただ孫文は民族の要素の中に《血統》を入れており、それがソ連の民族理論との相違点である。[43]

だが一九二五年三月孫文が死去し、蔣介石が一九二六年三月の広州での中山艦事件を通して国民党内の左派を追放し、国民党の実権を握ると、彼は孫文の民族主義理論を大幅に修正し、孫文の民族論の《血統》を重視して「中華民族」説を主張する様になった。すなわち、中国には「中華民族」のみ存在し、満・蒙・回・蔵は「民族」ではなく、「宗族」に過ぎない、というものである。

日中戦争勃発前までその見方が採られていたが、[44]勃発後の一九四〇年九月の行政院通令で回族に対してはさらに一歩進めて、イスラム教を信仰している「中華民族」であるとして、「宗族」としての地位も否定した。[45]つまり、「回族」ではなく「回教徒」という「宗教団体」だというわけである。重慶政府の諮問機関として国民参政会が一九三八年七月以後数回開かれ、モンゴル族とチベット族の代表は参加したが、回族代表は参加しなかった。[46]そのため回族の反発は大きく、回漢衝突がしばしば起ったという。[47]ただ、孫文も「回教徒」説を採っていたという見方もある。[48]

溯ると寧夏に国民党の影響力が及んでくるのは北伐完成後の一九二八年十月南京国民政府が樹立されてからであり、国民政府は一九二九年一月寧夏省を建て、馮系軍閥の門致中を初代の省政府主席に任命した。以後同じく馮系軍閥の吉鴻昌→馬鴻賓→馬鴻逵と省主席が交代したが、一九三一年九月満州事変が勃発し、一九三二年三月「満州国」が建国されて中国東北の四省が失われると、前述の様に国民政府は陝西、甘粛、寧夏、青海、新疆、綏遠の西北六省の開発を重視し始めたのである。まず、一九三三～三四年国民政府代表として、傅作義が寧夏省に赴いて各方面の事項を調査し、続いて一九三四年五月国民政府行政院副院長の宋子文が、同年十月には蔣介石自らが寧夏省をそれぞれ訪問した。寧夏省に西隣する甘粛省で、国民党員が一九三四年一～六月の半年の間に三五〇四人も増加していることが国民政府の《西北重視》をよく表している。[49]

日中戦争勃発後一九四〇年七月日本の軍部の圧迫によりビルマ・ルートが閉鎖されてイギリスとアメリカの対中支援が途絶すると、国民政府は西北開発を一層推進し、併せて唯一の援蔣ルートとなった、ソ連のカザフ共和国のアルマ・アタ―中国新疆省のイリ―同ウルムチ―同ハミ―甘粛省の蘭州―四川省の成都―同重慶（中国共産党に対しては蘭州―陝西省の西安―同延安）という西北ルートを通してソ連から、武器、戦車、弾薬、飛行機などの軍需物資を獲得するようになった。[50] 一時は西北ルートの輸送能力は、毎月二〇〇〇台のトラックで軍需物資一〇〇〇〇トンに達したという。[51] ソ連は西北ルートを通じて、新疆省を中心にして中国西北地区に影響力を及ぼしていたのである。ところが馬鴻逵の回族軍が、しばしば甘粛省内で西北ルートのソ連の輸送隊を襲撃して武器を奪ったりした。[52]《反共》を掲げる馬鴻逵は新疆省に対するソ連の進出に反発を感じており、甘粛省中部の涼州に新五馬の一人で同郷であり、馬麒の子で陸軍騎兵第五師団長である馬歩青[53]が拠っていることもあって行動を起したわけである。

だが一九四一年六月ヨーロッパで独ソ戦が勃発し、初戦でソ連赤軍が相次いで敗退すると、西北ルートの輸送量も激減し、一九四二年以後あまりその役割を果たさなくなった。そこで一九四二年七月、馬鴻逵等西北各省主席も出席する西北軍事会議が白崇禧と馮玉祥を議長として開催され、同年八月には蔣介石が再度寧夏省を視察するなど、一層の西北重視策が重慶政府により採られたのである。

もっとも国民党は西北地区開発を進めながら一方では回族の、漢族への隷属を進めていったのであり、寧夏省の回族人民の生活が豊かになっていったわけでは決してない。日本の軍部の華北・華中への侵略により、国民党の重慶政府が[54]「中華民族」の団結を目指さざるを得なかったとして、国民党の民族政策を弁護する論もあるが、被侵略戦争中であるから回族の存在を認めずそれを蔑視しても良い、ということにはならないのである。後述するが、中国共産党は逆に抗日期だからこそ、《大漢族主義思想》を排して少数民族の存在を認め中国内の各民族が団結しなければならない、と主張したのである[55]。

戦争という非常時に強制同化を許れば対立が深まり、抗日にとって逆効果であろう。それにもかかわらず、国民党の回漢同化策は日中戦争終了時まで続けられていくのである。

四、回族と中国共産党

最後に、回族と中国共産党との関係を見たい。中国共産党は一九二一年七月上海で成立後、中国内の諸民族平等を政策として掲げてはいたが[56]、一九二〇年代は回族との接触が皆無に近かった故、明確な対回族政策は打ち出していなかった。例外は一九二六年銀川に党組織が樹立され、寧夏地区の回族人民の闘争を指導したことくらいであろう[57]。

中国共産党が回族と初めて本格的に接触したのは、一九三四〜三五年の紅軍の長征の時である。紅軍は直接寧夏省を通らなかったが、一九三五年八月その一部が甘粛省東部の西吉と固原を通過した時回族人民から歓迎を受け、紅軍は《回族解放》を彼等に約束したという[58]。また陝西省北部に先着し当地で紅軍主力の到着を待っていた徐海東は長征途上で回族から援助を受けたり、第三五師団長の馬鴻賓麾下の回族軍の一部を武装解除し紅軍連隊に改編したりした[59]。

長征後、一九三六年五月中国共産党中央は陝北ソビエト区の中心地延安で、「回族人民に対する宣言」を発表した。回族居住区域で民族平等の原則下に回族自身の政府を樹立すること、回族抗日軍を組織して抗日連合軍の主要な力量の一つとすること、回族軍閥、官僚の一切の苛捐雑税を取り消し、回族生活を改善すること、回族の風俗習慣と宗教信仰を尊重し、回族の文化教育を発展させること、回族の新聞を創刊し、回族の政治文化水準を高めること、回漢を団結させ、帝国主義と漢奸売国奴を打倒すること、がその内容である[60]。中国共産党は長征時に甘粛省で回族軍閥と衝突し、一方では回族人民が紅軍に加わったということがあったので、少数民族に対する《大漢族主義》的な見方を改め、平等な態度で回族を抗日運動に動員するという方針を立てた結果、この宣言が出されたのである[61]。

それに基づいて行動を起したのが前述の徐海東であり、同年五月寧夏省南部の同心と甘粛省東部の海原で馬鴻逵軍を破り、区・郷ソビエト政権を建て、それが発展して九月寧夏省南部の予旺と海原を中心地とし、回族の雇農である馬和福を主席とする「陝甘寧省予海県回民自治政府」が成立した。政府成立大会では漢回連合同盟、貧民同盟、民衆抗日会の組織に着手することが決定されている[62]。自治政府は回族貧農を主体とする遊撃大隊を組織し、回族地主打倒などの反封建闘争を行い、それは中国共産党の《区域自治》政策の初期の形態であると言えたが、一九三七年二月張国燾軍が馬鴻逵軍に大敗し紅軍の主力が陝西省北部へ移動すると、同自治政府は消滅してしまった。

自治政府の消滅後、馬鴻逵が再び同地で暗黒政治を実行したので、回族人民の多数が苛税に耐えきれず陝北ソビエト区に移住したという。[63] 中国共産党は《打倒馬鴻逵》を掲げて回族人民に呼びかけていたが、一九三七年七月日中戦争が勃発し、九月に第二次国共合作が正式に成立して抗日民族統一戦線が結成されると、寧夏省への反馬宣伝を中止した。すでに八月に紅軍は国民革命軍第八路軍に改編され、九月には中国共産党のソビエト区も辺区に改称されて同月延安を首都とし、陝西・甘粛・寧夏三省にまたがる、中央委員の林伯渠を政府主席とする陝甘寧辺区が成立した。

一九三八年十月延安で開かれた中国共産党拡大第六期六中全会で毛沢東が中華各民族の団結と一致抗日などについて報告したが、[64] 翌一九三九年一月の辺区第一期参議会（人民代表大会にあたる）第一回大会において、林伯渠が辺区成立以来二年間の少数民族に対する工作の成果を挙げている。回族に関しては寧夏省南部の回族が多数辺区に移ったこと、回族の教育・文化を発展させ、回族幹部を養成するために辺区北西部（当時陝西省北西部）の定辺に抗日回蒙学校を開設したこと、イスラム教を保護し、イスラム教寺院である清真寺の建立を援助したことなどを指摘した。[65] 彼は回族を辺区へ移住させ、そして定住させるという中国共産党の掲げた政策がイスラム教の保護などを通して実現しつつあることを述べているのである。その結果、辺区内の回族人口は一九三七～四五年の八年間で約二十五倍になったという。[66]

一方、国民政府は回族を日中戦争に動員するため、回漢同化を企図し、一九四〇年九月前述の行政院通令を出したわけであるが、中国共産党は直ちにこれを批判した。十月延安で開かれた、一九三九年七月重慶で成立した中国回教救国協会の陝甘寧辺区分会成立大会、辺区回民文化促進会成立大会および辺区回民第一次代表大会の合同大会で中央委員の王明（陳紹禹）が、回族は、イスラム教を信仰し、文化・風俗・習慣を同じくしていること、一定の共同の住地を有すること、共同の言語・文字および共同の経済生活を有することなどにより完全な少数民族であることと、中国共産党は大漢族主義に反対し、民族平等政策を支持することを述べたのである。(67)

中国共産党は回族が少数民族であることを強調して国民党の民族理論との相違を鮮明にし、回族を保護して辺区に定着させ、回漢が両者の民族的差を認めた上で団結し、それによって抗日救国運動を一層強化しようと計ったわけである。同大会には八路軍総司令の朱徳等も出席し、回族の特性を讃美し、その政治的解放、経済生活の改善などの必要を力説したという。(68) 回族保護の象徴として、大会開会日の十月七日に延安に清真寺が落成し、その落成式にも朱徳等が出席し、回教礼讃の演説をしている。(69)

辺区の実際の回族の状況を見たい。回族は一九四〇年代において主として関中、隴東、三辺と延安の四つの分区に集中して居住していた。(70) 辺区の憲法にあたる、一九三九年一月の辺区第一期参議会第一回大会で制定された「陝甘寧辺区抗戦時期施政綱領」の民族主義の章には「蒙・回民族の政治上、経済上における漢族との平等の権利を実現し、民族平等の原則に依拠して蒙・回民族を連合して共同抗日せしめる」ことと「蒙・回民族の信仰、宗教、文化、風俗、習慣を尊重し、ならびにその文化的発展を扶助する」ことが規定されていた。[71] それにより回族は政治上では、行政区画である県・区・郷のそれぞれの政府事務を彼等自身で管理し、集会・結社・言論・出版の自由を有し、経済上では、生活は改善され、日中戦争勃発後辺区に移住した回族も公地の耕種権を獲得し、文化上では、文盲撲滅運動が進み、学校で抗戦建国の教育を受け、また宗教上では、イスラム教信仰の自由が尊重された。[72]

故に辺区の回族は辺区政府と中国共産党を積極的に擁護し、漢族と団結一致して抗戦建国事業に参加したのであり、回漢同化策が採られ、重税に喘ぐ寧夏省下の回族と正に両極端であると言える。日中戦争期間中に寧夏省から辺区に多数の回族人民が流入したのも当然といえよう。一九四一年十月延安で「東方各民族反ファッショ代表大会」が開かれ、中国内外から十八民族の代表が参加し、中国共産党により国際的な反日統一戦線の実現が訴えられたが、その中に回族代表も含まれていた。ただ、同大会では以前は中国共産党によって打倒の対象とされていた馬鴻逵が名誉議長団の一人に選ばれている。[73]《抗日》が最優先されていることがわかるのである。

同年十一月には同じく延安で辺区の第二期参議会第一回大会が開かれ、「施政綱領」が若干改正されて、「蒙・回民族の自治区樹立」という言葉が挿入された。[74] すでに前年十一月辺区北西部（当時寧夏省南部）の塩池県に回民村が建設されて以来、辺区内各地に回族の自治地域が続々と成立しており、中国共産党は前の「施政綱領」に明確化されていなかった《区域自治》

を回族人口の増加という現状に合わせて打ち出したわけである。同大会では毛沢東が演説し、辺区では孫文の新三民主義が実行されており、その中の民族主義は日本帝国主義打倒であることを強調している[75]。

大会では回族が、参議院に七人、辺区政府委員に一人、それぞれ選ばれた[76]。大会で制定された「陝甘寧辺区各級参議会選挙条例」に依れば、辺区参議院の定数は漢族は人口八〇〇〇人につき一人だが、少数民族は一〇〇〇人につき一人とされていた[77]。しかも、一九四一年春の辺区の回族人口は一三九三人に過ぎなかったという[78]。辺区で、いかに回族など少数民族が優遇されていたかがわかるのである。一九四四年十〜十一月延安で辺区の文化工作中の統一戦線政策を決定する文化教育工作大会が開かれ、回族の代表も参加している[79]。

同年十二月の辺区第二期参議会第二回大会では回族で参議員の馬生福等の、延安に回族郷を区画する様要請する、という案が採択され、その結果回族郷の数は回族人口の増加に比例して増えていったのである[80]。

日中戦争終了後、一九四六年四月の辺区第三期参議会第一回大会で、新たに「憲法原則」が定められ、その中で「民族区を区画して作り、民族自治政権を組織することができる」と謳われており[81]、回族などの少数民族の《自治権》の一層の拡大が約束された。

五、おわりに

回族は、スターリンの「民族とは、言語、地域、経済生活、および文化の共通性のうちにあらわれる心理状態、の共通性を基礎として生じたところの、歴史的に形成された、人々の堅固な共同体である[82]」という定義に従えば、地域と経済生活の共通性に関しては、分散しているという弱い点が若干あるものの、イスラム教という、宗教上の戒律と風俗習慣との厳守を説く団結心の強い宗教を信仰していること[83]によって、完全な少数民族であると言えるのである[84]。

回族の存在を認め、優遇した中国共産党が、反対に存在を認めず、強制同化により抑圧した国民党に勝利して、回族などに《区域自治》を認める中華人民共和国を一九四九年十月に樹立できたのは、言わば歴史の必然であったのかも知れない。

回族人民にとっての最良の道は陝甘寧辺区において着々と実行されていた、差別や抑圧を受けないで彼等自身が《自分のことは自分で決める》という道だったと言える。辺区内での回族はその人口が辺区の総人口に比べて圧倒的に少なかったが、辺区外の寧夏省の回族とはすべての点で異なる中で、日中戦争に積極的に参加したのである。ただ、辺区に全く問題がなかったわけではなく、「歴史上における回漢闘争の影響および回漢間の風俗習慣の不同の故に、回漢間における部分的な阻隔或ひは成見は、当然まだ免れ難[85]」かったという。だがそれがあったからと言って中国共産党の辺区における回族保護政策が支障をきたすということは決してなく、着実に実行されていったのである。

回族であるにもかかわらず漢族との強制同化を企図し、同族を搾取した馬鴻逵等の回族軍閥、漢族だからこそ《大漢族主義》の立場に立ち、回族を隷属化しようとした蔣介石等国民党幹部、および漢族であるにもかかわらず長征時の経験を生かして辺区で回族を保護した毛沢東等中国共産党指導者という、三極の際立つ対照が浮かび上がった、というのが本節の結論である。

近代中国におけるイスラム教の詳しい内容、回漢対立の歴史など課題は山積しているが、それらは次回を期す、ということで本節を終えたい。

注

（1）「小資料　一九八二年中国各民族人口」（『民族団結』一九八三年九月号　北京　民族出版社）三九頁。

（2）中田吉信前掲書九頁。

（3）「資料　二十九省、市、自治区少数民族人口」（『民族団結』一九八四年二月号）三八頁。

（4）「内蒙自治区がもとの行政区画を回復」（『北京周報』一九七九年八月七日号　国際書店）五〜六頁。

（5）傅統先（井東憲訳）『支那回教史』（一九四二年）二七八頁、顧頡剛「回漢問題和目前應有的工作」（『禹貢半月刊』一九三七年四月十六日号　北平）一八一頁。

（6）回族は寧夏の、北から順に銀川、霊武、金積、中衛、予旺の五地域に集居していて一九三五年時で人口二二五万三〇〇〇人であり省総人口の約六〇パーセントを占めていた（張肖梅『中外経済年報　民国二九年版』〈一九四〇年　上海〉七五頁）。因に寧夏省の総人口は一九三五年時で四一万八〇〇〇人であった（同上六九頁）。

（7）支那省別全誌刊行会『新修　支那省別全誌七巻　甘粛省　寧夏省』（一九四三年　東亜同文会）一〇七頁。以下『全誌』と略す。

（8）馬寿千「辛亥革命時期回族人民的革命闘争」（『民族研究』一九八一年五号　北京）五頁。

（9）中田吉信前掲書一〇四頁。

（10）満鉄調査部『支那回教徒の研究』（一九三九年　大連）七六頁。

（11）中田吉信前掲書一〇七頁、傅統先前掲邦訳二五四〜二五五頁、二五六頁。

（12）『全誌』一五七頁。

（13）満鉄調査部前掲書七六頁。

（14）『天津大公報』一九三四年十二月二十四日号（天津）の「馬鴻賓　飛蘭州謁朱紹良」による。

（15）『全誌』一六〇頁。

（16）同右一五九頁。

（17）陳賡雅前掲邦訳一一三頁。他に文萱「一月來之西北」（『開発西北』一九三四年八月号　南京）一二三頁参照。

（18）外務省記録『支那地方政況関係雑纂北支政況第六巻』の「第八六号ノ一」の中山在北平書記官から広田外相宛電信に「……二十六日徐永昌ノ原田ニ（為）セル内話左ノ通　……孫ノ下ニハ有力ナル河北共産党首領宣侠夫及韓麟符アリテ孫ヲ繰リ四川ノ徐向前及江西共産軍ト聯絡シ西北ニ一大『ソヴィエット』地域ヲ作リ支那ノ共産化ヲ計ラント企図シ居レハナリ従テ今後孫カ寧夏ヲ占領スルトセハ其ノ解決容易ナラサルヘク又敗レタル場合ハ新疆ニ走リ『ソヴイエット』ニ接近シ禍根ヲ将来ニ遺スコ

トトナルヘシ」（一九三四年二月二十七日）とある。因に徐永昌は元山西省政府主席で、当時中国国民政府中央監察委員兼綏遠省政府主席であった。
(19) Nym Wales, *Inside Red China* (New York, 1939) p. 154. 因に『天津大公報』一九三七年四月十一日号の「寧夏災情惨重」に「寧夏去年惨遭匪禍、継以雹災、瀰来哀鴻遍野、厥状至惨、溯去歳匪禍所及、計塩池予旺両県被匪盤拠甚久……」とある。
(20) Edgar Snow, *Red Star over China* (New York, 1961) p. 348. 西雅雄「西北支那の民族問題」（『蒙古』第九巻第九号　一九四二年九月号　善隣協会）二九頁、中田吉信前掲書一一〇頁。以下西論文を西(A)と略す。
(21) 『天津大公報』一九三四年十月四日号の「馬鴻逵　定日内来平」による。
(22) 同右一九三六年三月三十日号による。
(23) 傅作霖『寧夏省考察記』（一九三五年　南京）一一七頁。
(24) 長江『中国的西北角』（一九三七年　天津　改造社）三〇〇〜三〇一頁。
(25) 同右三〇一頁。
(26) Edgar Snow, *op. cit.* に一九三六年時、寧夏省南部の予旺県では「農民の七割以上が負債をもち、約六割は借りた金で食糧を買って生活していた」（三四六頁）とある。
(27) 西(A)二九頁。『天津大公報』一九三四年十一月七日号に「寧夏荒地甚多　可容納移民二十万人　西北農校農林場勘定」とある。
(28) 長江前掲書に「寧夏の市場で物を売って得るところの貨幣は省外では行使できないところの省幣であり、また省幣を発行した省銀行でも現金に兌換してくれない」（三〇二頁）とある。因に「省幣」は一九三七年七月の日中戦争勃発後も流通していたようである（徐盈『抗戦中的西北』〈一九三八年　上海〉八九頁）。

(29) Edgar Snow, *op. cit.*, p. 344. 『全誌』一五九頁。因に内藤戊申『東洋の歴史12　人民共和国の成立へ』（一九六七年　人物往来社）に「民国の銀元はだいたい日本の円にならって作られたから、一元は約一円に当る。一九三〇年の海関金単位では元は八〇・二五銭に換算された」（四一頁）とある。

(30) 許滌新『官僚資本論』（一九五八年　上海）三四～三五頁。

(31) 民族問題研究会『回回民族問題』（一九八〇年　北京）に「回奸敗残者は、卑屈な態度を惜しまず恥もなく日本の金銭で飼育された日本侵略者の代弁者であ」る（八六頁）とある。以下『問題』と略す。因に本書は一九四一年四月に延安で書かれたものである。

(32) 呂振羽前掲書一一九～一二〇頁。

(33) 朱北峯「西北往何処去？」（『西北嚮導』第十一期　一九三六年七月十一日号　西安）一〇二～一〇三頁、外務省記録『満蒙政況関係雑纂内蒙古関係第四巻』の情報部第一課「察○綏方面情勢ニ関スル支那新聞記事(2)」（自九月三日至九月三十日）の「……(一)綏東問題ノ解剖（第四巻第一六期　新中華）」（一九三六年十一月十二日）。以下後者を『新中華』と略す。

(34) Edger Snow, *op. cit.*, pp. 346–7.

(35) 『新中華』。

(36) 防衛研修所戦史部記録陸軍省『密大日記』第二冊の「思想人件一一」の「密受第七三六号」の梅津陸軍省次官から吉野商工省次官宛電信の「北支油田調査ノ為メ技師派遣方ノ件」に「河北省及寧夏省ニ於ケル油田調査ノタメ貴省技師赤木健氏ヲ軍嘱託トシテ約四ヶ月間派遣セシメラレ度希望ス」（一九三六年五月五日）とある。以下『密大日記』と略す。

(37) 傅作霖前掲書一一三～一一五頁。

(38)『天津大公報』一九三六年十二月十六日号に「……寧省主席馬鴻逵……対張学良叛変、頃電呈中央国府、表示擁護中央、並請下令討伐」とある。他に傳統先前掲邦訳二三〇～二三二頁。

(39)『天津大公報』一九三六年十一月二十一日号に「綏青寧三省　日僑退出　日本大使館已発通知」とある。

(40) 馬鴻逵「西北両大問題――回漢糾紛與禁煙問題」(『開発西北』第一巻第六期　一九三四年六月号) 一〇六頁。

(41) 小口五郎「西北に於ける漢・回の対立事情」(『蒙古』一九四二年九月号　善隣協会) 二〇頁。

(42) スターリンはロシア革命後の一九二一年十一月に、「非ロシア民族が居住している州にたいするありとあらゆる『要求』と『権利』を放棄すること、これらの民族にたいして独立の国家的存在をいとなむ権利を (口先だけでなく実際に) みとめること」がロシア共産主義者の民族政策であると述べている (イ・ヴェ・スターリン〈全集刊行会訳〉『マルクス主義と民族問題』〈一九五三年　大月書店〉二〇七頁)。

(43) 西雅雄「中国共産党の少数民族政策」(『蒙古』一九四一年三・四月号) 一〇六頁。以下西(B)と略す。

(44) 傳統先前掲邦訳二三一～二三二頁。

(45) 西雅雄「最近の支那民族問題」(『回教圏』第五巻第三号　一九四一年三月号) 二～三頁。以下西(C)と略す。西(B)一〇三～一〇四頁。またEdgar Snow, *op. cit.*, に「回教徒に対する中国当局の態度は、『民族上の少数者』というよりも、むしろ『宗教上の少数者』と認めているように思われる」(三四二頁) とある。

(46) 西(A)三四頁。

(47)『全誌』一一六頁。

(48) 下林厚之「西北支那回教徒に関する調査報告」(『支那研究』一九二六年五月号　上海)に「孫文の如きは回教徒は殆ど漢人なれば素質に於て漢人と撰ぶ所なしと観てゐたが之は大きな誤りであつて大部分は非漢人であり、非漢民族である」(二二九〜二三〇頁)とある。
(49) 文萱「一月来之西北」(『開発西北』一九三四年六月号)一二八頁。因に甘粛省の総人口は一九三五年時で五九七万七〇〇〇人であった(張肖梅前掲書六九頁)。また、その中で、回族は一五〇万人であったという(同上七五頁)。
(50)「謎の赤色ルート」(『東亜問題研究』一九四一年二月号　東京日日新聞社)。因に同論文は元中国共産党員の李某(五十嵐在太原特派員訳)「赤色公路踏破記」(『東京日日新聞』一九四〇年十二月十四日号)が転載されたものである。
(51) 笠原直造編前掲書九五七頁。
(52) 李某前掲邦訳「謎の赤色ルート」二〇一頁。他に「回教圏情報　ソ支聯携と支那回教徒」(『回教圏』一九三八年十一月号)四四頁参照。
(53) 馬歩青には日中戦争勃発前、紅軍に対抗するため日本からの武器購入の計画があったという(防衛研修所戦史部記録前掲『密大日記』第六冊の「情報一三」の「密受第一四〇一号」の天津軍参謀長から陸軍次官宛電信の「馬歩青武器購入ノ件」〈一九三六年八月二十五日〉による)。また陳賡雅前掲邦訳には「武威は……特産物として鴉片があり、高価であって当県の一大収入をなしている」(三九三頁)とある。
(54) 竹内好「顧頡剛と回教徒問題」(『回教圏』一九四一年三月号)二一頁。
(55) 西(A)三四頁。
(56) 一九二二年七月の中国共産党第二回全国大会宣言に「……四、蒙古・チベット・新疆の三地区に自・

治を実行し、民主自治邦をつくりあげる」（日本国際問題研究所中国部会『中国共産党史資料集1』〈一九七〇年　国際問題研究所〉一四二頁）とある。

(57)《回族簡史》編写組『回族簡史』（一九七八年　銀川）七〇頁。以下『簡史』と略す。

(58)同右七三〜七四頁。

(59)小口五郎前掲論文二一頁。他に『天津大公報』一九三五年九月九日号「徐海東匪　與馬師激戦中」参照。

(60)『簡史』七四頁。

(61)Edgar Snow, *op. cit.*, に「自治政府樹立のスローガンは、回教民族全部が当然ながら歓迎している。それは長年にわたる彼らの願望であったからである。……回教の習俗を注意深く尊重する赤軍の政策が、最も疑い深い農民や僧侶にさえ、深い感動を与えていることも明らかである」（三五一〜三五二頁）とある。

(62)*Ibid.*, pp. 354–5.

(63)『簡史』七七頁、西(A)三四頁。

(64)『問題』一三五〜一三六頁。

(65)中国科学院歴史研究所第三所『陝甘寧辺区参議会文献彙輯』（一九五八年　北京）二八〜二九頁。以下『彙輯』と略す。

(66)『簡史』九四頁。

(67)西(B)一〇四頁、西(C)五〜六頁。

(68)西(B)一一〇頁。

(69)同右一一〇頁。

(70)『問題』一二二頁。
(71)『彙輯』三九頁。
(72) 西(C)七〜八頁。他に『解放日報』一九四五年七月九日号（延安）参照。
(73)『解放日報』一九四一年十月二十七日号。馬鴻逵が中国共産党の打倒の対象とされていたことについてはEdgar Snow, *op. cit.*, pp. 349–55. 参照。
(74)『彙輯』一〇五頁。
(75)『毛沢東選集　第三巻』（一九六八年　北京）三一〜三二頁、『新民主主義革命時期陝西大事記述』（一九八〇年　西安）三二五頁。以下後者を『大事記述』と略す。
(76)『彙輯』七四頁、『簡史』九三〜九四頁。
(77)『彙輯』一二三頁。
(78)『解放日報』一九四二年七月二十日号。因に辺区総人口は、一九四四年時で約一六〇万人だった（『彙輯』三七九頁）。
(79)『大事記述』三四四〜三四六頁。
(80)『彙輯』二四九頁。
(81)『彙輯』三一二頁。
(82) イ・ヴェ・スターリン前掲邦訳五〇頁。
(83) Edgar Snow, *op. cit.*, に「回教徒は、その僧侶が精神生活におけると同様世俗生活をも支配している中国内最大の民族であるといえよう。宗教がそこでは文化、政治、経済に決定的な力をおよぼしている。……たいていの者は中国ではなく、トルコが祖国であって、汎漢主義ではなく、汎イスラム主義が彼らの理想であると思われる」（三四三頁）とある。また下林厚之前掲論文に、回族にとって「侮辱に対する反抗が社会学的原則以外の団結強要の原因であることは可成り吾人の注意すべき点であると思ふ」（二四〇頁）とある。

（84）　ロバート・ビー・エクヴァル（青木富太郎訳）「甘粛西蔵辺疆地帯」（『蒙古』一九四一年一月号）に「支那語を話すイスラム教徒は……支那人とは全く別の民族集団を形成している。……彼等は性格においても、一般的特徴においても著しく支那人と異なってゐる」（六二頁）とある。

（85）　西(C)八頁。

第二節

寧夏の回人(II)

一、はじめに

中国西北辺境の寧夏地区(1)においては一九一一年の辛亥革命期から一九四五年八月の日中戦争終了時まで、回族軍閥である馬福祥→馬鴻賓（馬福祥の甥）→馬鴻逵（馬福祥の子。一九七〇年死去）の、三代にわたる統治が行われた。本節では、その回族軍閥支配下の回族社会の状況を中国共産党支配地域の陝甘寧辺区も含めて、考察したい。

二、アヘンを中心とする経済

まず、寧夏省の回族の農村を中心とする経済について見たい。寧夏省は北部の砂漠地帯は不毛であるが、南部の黄河流域は辛亥革命以前すでに十の大渠があるなど、灌漑設備がある程度整っていたため農業が盛んであり、きび・粟・小麦・大麦・米・高粱・とうもろこしなどを豊富に生産し、西隣の甘粛省に移出する程であった[2]。辛亥革命以後、旧式繁雑な田賦は存在したが、有害なケシの栽培もなく、回族の農村は安定していた。ただ、回族農民も、漢族と同様に地主——中農・貧農の階級差は厳然としてあり、地主は全耕地の六〇~七〇パーセントを占有し、中農・貧農を地租を通して搾取していた[3]。

ところが、北伐期の一九二六~二七年に西北国民軍総司令の馮玉祥の国民軍が寧夏を含む甘粛一帯を支配する様になると、回族などの農民に対する「前古未曽有の掠奪政治が行はれるに至つた[4]」という。苛捐の一例を挙げれば、「煙畝罰款」と「懶捐」という、アヘンに関する付加税がある。前者は、表面ではケシ栽培を禁じ、裏面ではそれを奨励しつつ、栽培者に課す罰金であり、後者はケシ栽培を怠った者に課す罰金である。両者は矛盾しているが、ケシ栽培の有無に係わりなく、農民は税を取られるわけである。

田賦に加えて教育附捐、善後附捐(地震被害救済のための苛捐)など数種類の税が課せられ、家畜・物資・現金が過重に徴発され、しかも地主は中農・貧農に税を転化したため、回族人民の富は無に近くなってしまった。回族人民の困窮という状況は一九二九年建省後も変わらず、回族軍閥馬鴻逵が一九三一年六月に寧夏省政府の四代目主席になると一層悪化し、貧窮農民が寧夏省北部の阿拉善地区に逃亡するという現象が起きている[5]。だが他方では、一九三四年十一月に寧夏省北部の開墾計画が持ち上がっているのである[6]。

馮玉祥の中国西北地区支配後、アヘンが解禁されると農民が田や畑をつぶして相対的に利益が多いケシを栽培する様になって、その生産量は激増し、一九三〇年代に入ると、寧夏省政府の清郷費（ケシ栽培税の改称）の収入は総収入中の第一位を占めていたという。(7)回族はアヘンを吸飲しない故、吸飲する漢族の様に体力が消耗し労働意欲が低下するということはなかったが、ケシの強制栽培は利潤が大きいため、一九三五年四月に寧夏省政府により禁絶政策が採られるまで続けられていくのである。(8)寧夏省においてケシ栽培は日中戦争勃発後は皆無になった(9)が、アヘンは流通し続けた様である。(10)

馬鴻逵は寧夏の特産品である食塩(11)の専売も行い、省内人民全員に強制的に毎月半斤を買わせ、またその密売買者は死刑に処したという。(12)暗黒政治の最たるものである。

寧夏の回族人民は捐税と軍費との負担により破産状態であり、一九三一年九月の満州事変勃発後は、中国国民政府（以下「国民政府」と略す）による、陝西、甘粛、寧夏、青海、新疆、綏遠の西北六省の開発が進んだが、(13)彼等の生活が改善されたわけではなく、逆に貧困化していった。国民党と結びついた回族軍閥本位の政策が採られ、締めつけが一層厳しくなり、賦課税の税種が増加したからである。(14)正に「人民は食ふものも食はずに御用をつとめてゐる次第である」(15)と言えた。やむなく回族人民は一年四割から六割で高利貸業者から借金したが、その業者も大抵は馬鴻逵の一族であったという。(16)つまり回族人民は馬鴻逵によって、二重に搾取されていたことになるのである。

ただ、一九三五年三月第二次全省省政会議が開かれ二八の大渠が以後建設されたので、農業生産力に関しては若干向上したようである。また一九三六年からは広範な棉花栽培も始まっている[17]。一方では黄河流域の寧夏省人民の場合は、四年連続で水害に悩まされているのである[18]。

それに対して、陝甘寧辺区(一九三七年九月以前は陝北ソビエト区で、以後は陝甘寧辺区)に一九三七年七月の日中戦争勃発前に移住した回族は均しく土地を分配され、勃発後危険を犯して辺区に移住した回族も辺区政府に援助され、公地の耕種権を獲得した。政府はしかも、彼等の負担を軽減し、必要以外は家畜を動員したり公糧を徴収したりしなかったという[19]。辺区政府の対回族人民政策は、寧夏省の回族軍閥の政策と雲泥の差があると言えるのである。辺区政府は日中戦争勃発後に灌漑設備として四渠作ったというから[20]、農業生産力はかなり高まったようである。

三、イスラム教教育

次に、寧夏省の回族に対する教育について見たい。寧夏省においては辛亥革命後、漢族対象の教育は初等教育・中等教育共に不振であり[21]、況や高等教育関係の学校は一九四三年時で一校も存在しなかった。

一方、回族教育の方は、回族軍閥が回族の知識水準向上を目的として力を入れていたため、早くも一九一〇年代に回族軍閥馬福祥の援助で、寧夏全域に普通教育を行う清真小学校が一三〇余校設立された。次いで一九三三年五月「回民教育の普及と健全の促進[22]」を主旨とする、省主席の馬鴻逵等が委員を務める「回民教育促進会」が国民政府行政院教育部の許可を受けて南京に設立されると、寧夏省の回族関係の学校建設が一層進んだ。

まず、一九三四年九月馬鴻逵の私費によって宗教教育[23]を行う中等学校である、初等中学校と小学校を付属として持つ「寧夏省立第一中阿学校」が銀川（省都）に設立された。一九三六年四月同校は「省立回民師範学校」と改称され、回民教育の教師養成校となったが、当時国民党が次第に回族を少数民族と認めない方針に傾きつつあったので、同年十二月「省立雲亭師範学校」と再度改称された。

「雲亭」とは、馬鴻逵の実父馬福祥（字雲亭）が私費で一九一〇年代に寧夏全域に普通教育を行う小学校を、一九二〇年に銀川に普通教育を行う中等学校である蒙回学校一校[24]をそれぞれ設立し、回族教育を実行したことに因んでつけられた名称である。同師範学校はアラビア語を必修課目とした外はすべて国民政府行政院教育部の規程に準拠し、「辺疆教育の普及、回、漢の感情の疏通[25]」を目指したという。馬鴻逵の唱える《回漢同化》策に沿った方針である。銀川には省教育庁によって設けられた蒙回教師訓練班もあった[26]。

ただ、回族の高等教育は、漢族のそれと同じく皆無に近く、例外として馬鴻賓が銀川に、イスラム教布教師であるアホンに中国語を教えるために「支阿大学校」を設立したこと[27]と、馬鴻逵が銀川と呉忠堡（現呉忠）に私費で、宗教教育を行う「高級中阿学校」を設立したことがあったのみである。[28]

因に、馬福祥等の援助で、回族に対して宗教教育を行う中等学校として、一九二五年四月山東省済南に成達師範学校が設立された。財源不足という経済的困難と一九二八年の日本軍の済南出兵などにより学校経営が一時停頓したが、一九二九年春馬福祥の援助により同校が北平に移されると以後大いに拡張され、卒業生は全国に分布し各清真寺の教長（イマーム）になった。その内五人が、一九三二年エジプト王国の首都カイロのアズハル大学に留学している。[29]成達師範学校は後一九四〇年代に入ると、国民党の《回漢同化》策を支持したという。[30]

馬福祥はさらに一九二九年、北平に普通教育を行う中等学校として、西北公学（日中戦争勃発後、西北学院と改称）を広西派軍閥で回族である白崇禧等と共に設立している。[31]西北公学には全国各地の回族青年が入学し、中学課程の師範組の卒業生は新疆省などで回族の初等教育を行ったという。[32]また同校長の孫縄武は北平に、宗教教育を行う回文専科学校二校を設立している。

寧夏省において一九三〇年代半ば、中等学校は「省立雲亭師範学校」と「蒙回学校」の二校であったが、小学校は、設備が不完全とはいえ四十二校あったのであるから、[33]「およそ回民のいる所、回民小学校のない所はない」[34]という、進んだ状況であったと言えるのである。だが回族教育が民族問題を根本的に解決したわけではなく、宗教教育にしろ、普通教育にしろ、教育を受けると逆に回族青年は民族問題に目覚め、回漢強制同化に反対し民族平等を主張する様になったのである。(35)

ただ、教育を受けることができたのは回族地主の子弟のみであり、中農・貧農の子弟は文盲だったのである。(36)しかも日中戦争が勃発すると、中等学校の学生は徴兵されて、授業はあまり行われなくなったという。(37)「省立雲亭師範学校」も経営難により、閉鎖されてしまった。(38)

それに対して、辺区の回族教育に関して言えば、辺区北西部の定辺に日中戦争勃発後に設立された、回族などの幹部養成のための抗日回蒙学校において、回族の課程の教材としてアラビア文字が使われ、一九四四年十月には同地に中等学校のイスラム公学が、辺区南西部（当時甘粛省東部）の三岔にイスラム小学校がそれぞれ設立され、アラビア語の授業が行われた。(39)また抗日回蒙学校とは別の、回族などの幹部養成のための高等教育機関として、首都の延安に民族学院が一九四一年九月に設立されている。(40)

一九四一年十月延安で、国際的な反日統一戦線の実現を訴えるため開かれた「東方各民族反ファッショ代表大会」には、民族学院の代表者も参加しているのである。(41)しかも延安の抗日軍政大学、延安大学（一九四一年八月以前は陝北公学、中国女子大学、沢東青年幹部学校の三校）、魯迅芸術学院、軍事政治学院などの学校でも、回族青年が学習していたという。(42)辺区政府はさらに、延安や定辺などにもイスラム小学校を設立し、それと各地の回族居住地域に設立した成人夜学校、冬学、識字組や読報組などを通して、回族の、率の高かった文盲の一掃工作を行った。中国共産党はこの様に、教育面でも《回族保護》政策を採っていたのである。

四、イスラム教

次に、寧夏省のイスラム教について見たい。一九一〇年代に寧夏を支配した馬福祥は「中華民国」という国家意識が強く、儒教とイスラム教の折衷融合を考え、漢文で書かれたイスラム教文献の翻刻、出版を行い、回族に「中華民国」国民という意識を植えつけようとし、イスラム教の象徴である清真寺の建立に関してはあまり熱心ではなかった。[43]

一九二〇年代の馬鴻賓支配時代も、馬福祥時代と変わらなかった。

一九三〇年代の馬鴻逵支配期になると、彼は国民党の「回族はイスラム教を信仰している中華民族であり、独立した民族ではない」という説を支持し、回漢の対立はアホンが、イスラム教の始祖マホメット時代（七世紀）の、イスラム教徒以外はすべて敵であるという思想を近代になって誤って講じたために起ったのであると決めつけ、回漢同化を主張した。[44]

銀川には「中国回教協会寧夏分会」があり、馬鴻逵は信仰の自由は認めていたものの、清真寺建立に対しては馬福祥と同様に消極的であった。[45] それでも、馬鴻逵時代には清真寺が寧夏全省に大小合わせて五百余りあったという。[46]

イスラム教問題に関しては、一九三三～三四年に寧夏省を訪れた国民党の傅作霖も「イスラム教の固有の真理は発揚し、時代に合わない儀式は改革して、回漢通婚によって……嫉妬から親善に代えれば、……回漢は団結するであろう」[47]と述べ、やはりアホンを批判し、回漢同化を強調している。

だが回漢対立をもたらしたのは、他ならぬ国民政府なのである。つまり国民政府が一九三〇年代前半に「中華民族」以外の民族を認めないという「宗族」説を採っていた時、西北開発という目的を優先するあまり、国民政府委員の戴季陶主催の雑誌『新亜細亜』や、『南華文芸』などに回族を侮蔑する記事を載せるという様な侮教事件を多数引き起したからである。[48]

回漢対立の責任はアホン側になく、《大漢族主義》思想を持つ国民政府側にあると言える。寧夏省の回族軍閥は自分自身がイスラム教徒故直接イスラム教を侮辱することはなかったが、回漢同化を回族人民に強制しようとして彼等の不満を招いた。

一方、一九三六年頃、銀川にまで進出していた日本の軍部の特務機関は「回族は独立した民族ではない」という思想に基づいて、「西北回教民族文化協会連合会」、「西北回教公会」などの御用イスラム教団体を組織し、「防共」・「民生」・「共和」の三大綱領と「中日満提携」、「悪らつな共産党打倒」などのスローガンを掲げて回族居住地区に入って陰謀活動を行い、「回教通」の日本人を中心とする、日本の軍部に奴隷化された回族の傀儡政権の樹立を企図していた。[49]

日中戦争勃発以前は《反共》思想を持つ馬鴻逵も日本の政策に乗り、阿拉善地区に日本軍用の飛行場建設を許可したとも言われているが[50]、日中戦争勃発後は国民党完全支持に戻り、銀川と定遠営を中心とする日本の活動も放棄された。ただ、馬鴻逵の回漢同化政策は一貫して変わらなかったのである。

それに対して、辺区内では政府によりイスラム教の徹底的保護政策が採られ、清真寺が一九三七年定辺近郊の関外に建立されたのを皮切りに延安、三岔、定辺、塩池などに次々と建立され、アホンも寧夏省から招待された。「清真寺がなければ、定住の回族もいない[51]」と言われていたからである。清真寺建立は、日中戦争終了後も続いていた。ここでも辺区の政策が回族軍閥の政策と極立った対照をなしている。

五、「海固事変」

最後に、一九三八〜四一年の「海固事変」に触れてみたい。一九三七年七月の日中戦争勃発後、馬鴻逵は寧夏省内の回族人民に対する政治的圧迫と経済的搾取を一層強め、特に成年男子を強制徴発し「国民兵」として厳しい訓練を行った[52]ので、耐えられなくなった、寧夏省南部から甘粛省東部の西吉、海原、固原一帯の回族人民は到頭一九三八年十一月、「回族で単独で自己の抗日武装を組織しよう」というスローガンの下に武装暴動を起した[53]。

十二月には蜂起人員が数千人に達したが、馬鴻逵軍の援助を受けた第八戦区司令朱紹良麾下の国民党軍に敗北してしまう。翌年の一九三九年五月、七〇〇〇〜八〇〇〇人が参加する第二次暴動が起り、漢族地主のみならず若干の回族地主も殺害するなど闘争は反封建的性質も兼ね備える様になった。だが結局は、再び国民党軍に鎮圧されてしまった。

暴動は一九四一年五月、若干の漢族人民も含めて二万余人が参加する形で三たび起り国民党軍二五〇〇人を殺害したが、やはり結局は優勢な国民党軍に敗れ、その中で百余人が中国共産党の陝甘寧辺区に走り、「回民騎兵団」を組織したという[54]。

海固暴動は、寧夏省と甘粛省との境の回族人民の、辛亥革命以後最大規模の、同民族内の支配階級からの圧迫と日本の軍部の侵略とに反対し、武装抗日と民族解放とを勝ち取るための、反封建的性質を持った自発的な農民武装暴動であった。だが明確な政治綱領を持たず、また前衛政党である中国共産党の指導もなく、しかも指導集団の中に若干の、封建階級としての回族地主階級がいたりしたので、暴動は失敗してしまったのである。

ただ、この暴動は、回族人民に、重慶にある国民政府（一九三七年十一月武漢から移転）の残虐性と、中国共産党の指導が闘争には不可欠であることとを教訓として残したという点で、極めて大きな意義があったと言える。

六、おわりに

以上の論述から、寧夏省の回族人民は両大戦間期において、経済・教育・宗教のすべての面で回族軍閥から差別抑圧されてきたことがわかる。例外として教育の面では若干進歩政策が採られたが、回族軍閥は大勢では回族を、寧夏という地盤を支配する上での道具と見做して搾取し、常に目が中国中央政府や日本という様に省外に向いていたのである。

回族軍閥は自分自身が回族であるにもかかわらず、国民党の、日中戦争勃発以前の「宗族」説→勃発以後の「宗教団体」説を一貫して支持し、同族である回族を蔑視し、回漢の《融和》ではなく《強制同化》を目指した故に、一九三八〜四一年の回族人民の暴動などにより逆に自らの基盤を弱くしてしまい、国民政府が一九三一年以後の西北開発と一九三七年以後の軍政の統一などを通して寧夏省におけるその支配力を強めることになったのである。

それに対して、中国共産党支配下の辺区においては、一九三九年一月制定の、「回族保護」などを謳った、辺区の憲法にあたる、「陝甘寧辺区抗戦時期施政綱領」[55]に基づいて、回族は経済・教育・宗教のすべての面で辺区政府から優遇され、漢族との平等と自由を得たのである。

両地域の回族の置かれた立場の落差は、寧夏省から辺区への回族の大量移住[56]が如実に示している。日中戦争への意欲という一点を見ても、寧夏省の回族は徴兵を恨んだが、辺区の回族は進んで「回民支隊」を組織した[57]という様に、大きな差があったのである。

寧夏省の回族の生活と辺区の回族の生活との間の極めて大きな差が浮き彫りになったと思われるが、寧夏地区の両大戦間期の政治史については前節に譲り[58]、本節を終えたい。

注

（1）本書第四章第一節注（6）参照。
（2）陳賡雅前掲邦訳一一七頁。
（3）『簡史』六一～六三頁。
（4）西(A)二五頁。
（5）長江前掲書二九八頁。
（6）『天津大公報』一九三四年十一月七日号に「寧夏荒地甚多　可容納移民二〇万人　西北農校農林場勘定……馬主席当即表示非常歓迎」とある。因に『西北嚮導』第十二期（一九三六年七月二十一日号西安）の「西北知識講和　十二、西北的墾務（上）」に「……我国可耕土地之未経開発的統計……寧夏四二三、〇一八」（一四一頁）とある。単位は旧畝である。
（7）「甯夏近況」（『開発西北』第二巻第四期　一九三四年十月号　南京）八六頁。
（8）『天津大公報』一九三四年十二月十五日号に「寧夏禁煙　自明年起実行」とある。
（9）前掲『全誌』四一三頁。
（10）西川一三『秘境西域八年の潜行（上巻）』（一九六七年）に、一九四四年「正月に入ると寧夏のマフンクイの軍隊が、包頭方面から多量の阿片を公然と輸入してきたため、寧夏、定遠営の阿片の相場が急に大暴落しはじめたという噂がたちはじめ」たとある（一〇二頁）。因にマフンクイとは馬鴻逵のことである。

（11）陳賡雅前掲邦訳一一六頁。因に『天津大公報』一九三四年十二月十七日号に「寧夏省政府計画　興築軽便鉄路　由省城至塩池長三〇〇余里運銷紅塩於陝甘輸煤入省……年約二千五百余万斤、其塩質殊佳、即所謂『紅塩』也」とある。

（12）Edgar Snow, *op. cit.*, p. 345.

（13）胡純如「西北経済建設之根本問題」（『西北問題論叢』第一輯　一九四二年　蘭州）に「建設西北之十年計画、政府現已初歩擬定、除原□経費外、決定另撥補助費四万万元［ママ］、惟西北地域広袤、諸多部門、均待建設、故於政府所撥建設経費外、仍須奨励国内外私人投資及僑胞資本、而西北物産之輸出、亦応為西北建設資金之重要来源」（九頁）とある。

（14）陳賡雅前掲邦訳によれば、例えばアヘン付加税には清郷費以外に阿片膏税、煙燈税があった（一一九頁）。また飛行場税、飛行機税という、人民には縁遠い税も徴収されている（同右一一九頁）。

（15）陳賡雅前掲邦訳一一九頁。

（16）Edgar Snow, *op. cit.*, p. 346.

（17）大原豊「西北支那の農業」（『蒙古』通巻九十号　一九三九年十一月号）三七頁。因に一九三九年時の寧夏省の灌漑地は一四〇万畝であったという（同上一六頁）。また『天津大公報』一九三五年五月二十日号に「寧夏雲亭渠落成　年可灌田五十余万畝……該渠業於十一日上午十二時在楊和堡挙行開水典礼、水入新渠、流勢迅速、参観機関人員、学生民衆、不下万余人、誠寧省之空前盛挙也」とある。

（18）『開発西北』一九三四年十月号の「甯夏近況」に「七月初旬以来、雨量過多、山水暴発」（八六〜八七頁）とある。『天津大公報』一九三五年八月二十日号に「寧夏　黄河暴漲」、同上一九三六年七月

十一日号に「魯省接寧夏電告　黄河上游　山洪暴発……」、同上一九三七年七月二十六日号に「黄河上游　頻伝警報」とある。

(19)『解放日報』一九四一年七月十九日号（延安）、西(C)八頁、Nym Wales, *op. cit.*, p. 155.『問題』一二三〜一二四頁。

(20) 大原豊前掲論文四二頁。

(21)『天津大公報』一九三四年十月二十二日号に「……寧夏教費年僅数万、全省有男女中学四、小学二〇〇、小学教員月薪僅八元」とある。また郭維屏「西北文化問題研究」（前掲『西北問題論叢』第一輯）に「甯夏之中等教育、計有中学師範中等学校共六所、初等教育有公私立初小及高小二百余所」（二五頁）とある。他に陳守智「辺疆教育的現況」（『西北嚮導』第八期　一九三六年六月十一日号）に「甯夏中等教育……較諸内地各省中等学校常年経費、実相差甚遠。各校設備、除必要的卓椅黒板書籍外、其他均極簡単」（一三頁）とある。

(22) 傅統先前掲邦訳二五〇頁。

(23) 趙振武「三十年来之中国回教文化概況」（『禹貢半月刊』第五巻第十一期　一九三六年八月一日号北平）に「一、普通教育――其組織、其課程、其中一切的一切、均遵部章、与一般中学無異……二、宗教教育――是為純正之回民教育施設、且大多数為師範性質……」（一六頁）とある。

(24) 同右一六頁。因に『天津大公報』一九三六年四月二十九日号に「甯夏省的教育……経費、由本部指定補助蒙回師範経費一万五千元」とある。

(25) 傅統先前掲邦訳二五八頁。因に郭維屏前掲論文に「馬鴻逵氏辦之雲亭中学、成績与効用、已頗顕著」（二七頁）とある。

(26)『全誌』一七三頁。

(27) 傳統先前掲邦訳二五七頁。
(28) 勉維霖『寧夏伊斯蘭教派概要』(一九八一年　銀川)一二二頁。
(29) 趙振武前掲論文一八～一九頁。
(30) 中田吉信前掲書一四五頁。
(31) 趙振武前掲論文一六頁。
(32) 「平市回民教育」(『天津大公報』一九三六年十二月二十八日号)による。
(33) 『全誌』一七四頁。
(34) 趙振武前掲論文一八頁。
(35) 長江前掲書一五五～一五六頁。
(36) Edgar Snow, *op. cit.*, に「馬鴻逵の軍隊の九割以上はまったく文盲であった」(三五一頁)とある。また「支那辺疆回民教育の現勢」(『回教事情』第二巻第二号　一九三九年五月号)に「児童の就学率は回民子弟中の一部に限られて居る感がある」(四九頁)とある。他に『問題』一二四頁参照。
(37) 徐盈前掲書九〇頁。
(38) 前掲論文「支那辺疆回民教育の現勢」四九頁。
(39) 『解放日報』一九四四年十月二十六日号。他に同上一九四五年七月九日号参照。
(40) 『解放日報』一九四一年十月二十五日号の金浪白「回族概述」に「……辺区……建立清真寺、有宗教生活的自由活動、這裏有伊斯蘭小学及民族学院、提唱和発揚各民族的優良文化……」とある。また、Nym Wales, *op. cit.*, に「これら『圧迫されていない少数民族』はその小さな『赤い』校舎の中で、何れも快活でまた幸福である。何れ劣らずよくその勉学にいそしんでいる」(一四八頁)とある。
(41) 『解放日報』一九四一年十月二十八日号。

(42)『簡史』九五頁、『問題』一二五頁。
(43)長江前掲書三〇四頁。
(44)馬鴻逵前掲邦訳一〇六頁。
(45)長江前掲書三〇四頁。またEdgar Snow, *op. cit.*, に「馬はかつて新旧両派の回教寺院を焼いた」(三四八頁)とある。
(46)勉維霖前掲書一二四頁。因に趙雲陞「支那回教徒の生活概況」(『回教世界』第一巻第五号　一九三九年八月号)によれば、一九三九年時で、寧夏省の清真寺は二五〇寺あったという(二八頁)。
(47)傅作霖前掲書一二二頁。
(48)傅統先前掲邦訳二三三～二四一頁。
(49)呂振羽前掲書一一九～一二〇頁。また外務省記録の「寧夏……ハ回教徒ノ勢力大ニシテ住民ハ常ニ宗教的、種族的闘争ヲ為シ居ルカ……此等諸地方ニ何等ノ手当ヲ為シ置クコト必要ナルヘシ……」(『内蒙古・二巻』の「機密第六九号」の中根在張家口領事代理から広田外相宛電信の「蒙古及西北辺疆経営ニ関スル意見書送付ノ件」(一九三六年三月二十日)による。因にこの意見書は池田在張家口領事館書記生作製とある。他に朱北峯前掲論文一〇二～一〇三頁参照。
(50)Edgar Snow, *op. cit.*, pp. 346–347.　また外務省記録に「……甯夏……省ハ対日感情頗ル良好ナリシカ右ハ回教徒タル主席馬鴻逵ノ親日態度ノ然ラシムル処ト思ハル……馬ハ……『日本ハ余ノ夙ニ畏敬スル友邦ニシテ最近ノ機会ニ渡日シ学フ処アラムトス……』ト語レリ」(『満蒙事情関係雑纂蒙古事情』の「公第五八八号」の若杉在中華民国日本公使館一等書記官から広田外相宛電信の「綏遠、甯夏、甘粛方面旅行者ノ談話ニ関スル件」〈一九三四年九月十二日〉による)とある。
(51)『解放日報』一九四二年四月二十九日号。また同上一九四一年七月十四日号の「延安清真寺　挙行阿

訇接任典礼」に「……『我們関中的回民対辺区政府給与回民的帮助、是很感謝的、政府不僅分給回民土地而且還帮助発展回民文化、建立回民的武裝。在関中有数所伊斯蘭学校、有回民自衛隊、這是過去従来没有的、也是我們回民最満意的地方……』。馬阿訇講和完畢、大会即告礼成」とある。因に辺区の回族は一九四〇年代において、主として関中、隴東、三辺と延安の四つの分区に集居していた（『問題』一二二頁）。

(52)『簡史』九七頁、西(A)二九頁。

(53)『簡史』九七頁。

(54) 同右八二頁、九八～九九頁。他に国家民委民族問題五種叢書編輯委員会〈中国少数民族〉編写組『中国少数民族』（一九八一年　北京）一三二頁参照。

(55) 中国科学院歴史研究所第三所前掲書に「……一、民族主義……四、実現蒙回民族在政治上、経済上与漢族的平等権利、依拠民族平等的原則、聯合蒙回民族共同抗日。五、尊重蒙回民族之信仰、宗教、文化、風俗、習慣、並扶助其文化的発展」（三九頁）とある。

(56)『簡史』によれば、辺区内の回族人口は一九三七～四五年の八年間で、約二十五倍になったという（九四頁）。因に回族人口は一九四一年春で、一三九三人（三五二戸）だったという（『解放日報』一九四二年七月二十日号）。また辺区総人口は一九四四年時で、約一六〇万人だった（中国科学院歴史研究所第三所前掲書三七九頁）。

(57)『簡史』八二頁、『解放日報』一九四五年七月七日号。

(58) 拙稿「近代回族の民族問題―寧夏を中心に―」（岡本敬二先生退官記念論集刊行会『岡本敬二先生退官記念論集』〈一九八四年　国書刊行会〉）。

おわりに

以上私は本書で、中国少数民族の、大戦間期の歴史を検証してきた。その結果、「独立」ということに関して、「はじめに」とは異なる新しい結論に到達したのである。

何かと言うと、中国少数民族の中国中央からの大戦間期の「独立志向性」という点で見た場合、中国少数民族間でいわゆる明白な「温度差」があったということなのである。つまり、中国少数民族を「独立志向性」の強い順から挙げると、①チベット人、②モンゴル人、③ウイグル人、④回人ということであったと思われる。

詳しく言うと、中国辺境に居住していて人口が相対的に多い中国少数民族であるという点で、先程の四つの地域の中国少数民族は今日の条件は同じであるが、「歴史的な独立志向性」という点で見ると、チベット人が一番強く、回人は一番弱かった、ということが言える。

その傾向が今も続いているとすると、ウイグル人の例で見た場合二〇一三〜一四年の暴発事件も、「一部の過激派の人々のみによるもの」ということになると思われる。言い換えれば『朝日新聞』の記事にある通り、「東トルキスタン・イスラム運動」という、一部の反政府勢力がテロを起しているだけなのであって、一般のウイグル人の方は漢人に対する不公平感を大いに持ってはいるが、「独立」までは考えていないということになると思われるのである。(1) これからも、中国少数民族の動向から目が離せない、と言える。
ところで、今日中国では新疆ウイグル自治区以外の民族自治区でも、様々な事件が起っているようである。(2)

注

(1)『朝日新聞』前掲「新疆で武装集団射殺」に、「同自治区では政治経済の主導権を漢族が握っている。ウイグル族には、イスラム教の自由な政治活動が認められないとの不満がある」とある。また、『朝日新聞』前掲「徹底弾圧へ転換直後　ウルムチで爆発　習体制に衝撃」に、当局の「『東トルキスタン・イスラム運動』など……への弾圧」とある。他に、『朝日新聞』二〇一四年五月九日号の「新疆で警官襲撃」に、「自治区では少数民族のウイグル族と当局側との対立が深まっている。事件の詳細は不明だが対立に根ざす事件だった可能性がある」とある。
さらに、『朝日新聞』二〇一四年五月二十三日号の「厳戒ウルムチ　習政権衝撃」に、「少数民族問題が絡むとみられる事件は習近平体制になって以降、増加傾向にある」とある。

(2)『朝日新聞』二〇一五年九月一日号の「『自由を』祈るチベット　信仰抑圧、経済優遇で懐柔」に、チベット「自治区は新疆と並ぶ中国の民族問題のアキレス腱だ」とある。
また、『朝日新聞』二〇一五年十月一日号の「中国爆発17件7人死亡　チワン族自治区」に、「中国南部の広西チワン族自治区柳州市で30日午後、17件の連続爆発事件が発生し、7人が死亡、2人が行方不明、51人が重軽傷を負った」とある。

あとがき

本書は、私が過去に発表した、中国少数民族に関する論文をまとめたものであるが、時代性を考えて加筆をほとんどしなかった。例えば文中の中国少数民族名は、すべて執筆当時の「……族」のままである。ただし、今回新たに執筆した「目次」や「おわりに」では中国少数民族名を「……人」とした(1)。

注

(1) なぜかと言うと例として宮田律が『イスラム 中国への抵抗論理』(二〇一四年 イースト・プレス)の中で、「新疆ウイグル自治区で最も多い民族グループは、ウイグル人で全人口の四五％を占めている」(三六頁)と書き、中国少数民族名を「……族」ではなく、「……人」としているからである。私も、それに倣った。

次に、各節の元になった論文名を記しておきたい。

第一章

第一節　「近代内モンゴル民族運動」
『田中正美先生退官記念論集』
一九八四年　国書刊行会

第二節　「近代内モンゴルにおける二つの政党――中国共産党と『蒙古青年結盟党』――」
『東洋史論』第三巻　一九八二年六月号
東アジア史学会

第二章

第一節　「近代西康・青海の民族問題」
『史境』第三巻　一九八一年十月号
歴史・人類学会

第二節　「近代チベットの民族問題」
『酒井忠夫先生古希祝賀記念論集』
一九八二年　汲古書院

第三章
第一節　「戦間期新疆の少数民族問題―盛世才時代を中心に―」
『社会文化史学』第二十巻　一九八三年九月号
社会文化史学会

第四章
第一節　「近代回族の民族問題―寧夏を中心に―」
『岡本敬二先生退官記念論集』
一九八四年　国書刊行会
第二節　「近代寧夏の回族社会」
『菊池貴晴先生追悼論集』
一九八五年　汲古書院

最後になったが、私は本書の資料収集において、外務省外交史料館の方々に大変お世話になったことに感謝したい。

また、いつも応援してくれている私の家族にも感謝したい。

他に、東京図書出版の皆様にも感謝したい。

二〇一七年二月

寺島英明

寺島　英明（てらしま　ひであき）

近現代史研究家。

1952年兵庫県宝塚市生まれ。

東京教育大学文学部史学科東洋史学専攻卒業後、筑波大学大学院歴史・人類学研究科（史学）博士課程を単位取得退学。2013年３月まで千葉県和洋国府台女子中学校・高等学校で、社会科教諭。専門はモンゴル近・現代史。

〈著書〉
『大戦間期中国・内モンゴル地域の少数民族問題』（2014年　文芸社）
『もう一つの日中戦争』（2016年　東京図書出版）
〈共著〉
「世界史における民族主義 — ソ連（ロシア）と隣接するアジア三国の領土問題を中心に —」（『筑波大学創立十周年記念東洋史論集』1986年　雄山閣出版）
〈共訳〉
日中戦争史研究会編・訳『日中戦争史資料 —— 八路軍・新四軍』（1991年　龍渓書舎）

中国少数民族「独立」論

2017年8月3日　初版第1刷発行
著　者　寺島英明
発行者　中田典昭
発行所　東京図書出版
発売元　株式会社 リフレ出版
〒113-0021　東京都文京区本駒込 3-10-4
電話 (03)3823-9171　FAX 0120-41-8080
印　刷　株式会社 ブレイン

ISBN978-4-86641-070-8 C0020
Printed in Japan 2017

ご意見、ご感想をお寄せ下さい。

［宛先］〒113-0021　東京都文京区本駒込 3-10-4
東京図書出版